Klaus Bredow

Hitler rast

Klaus Bredow (d. i. Konrad Heiden, 1901, München – 1966, New York) auf einem undatierten Foto aus seinem Nachlass. (K. Heiden 5a, Zentralbibliothek Zürich, Handschriftenabteilung)

Klaus Bredow
(d.i. Konrad Heiden)

Hitler rast

Die Bluttragödie des 30. Juni 1934. Ablauf, Vorgeschichte und Hintergründe

Mit einem Nachwort und Kommentar von Sven Felix Kellerhoff

HERDER

FREIBURG · BASEL · WIEN

MIX
Papier | Fördert gute Waldnutzung
FSC® C014496

www.herder.de

Umschlaggestaltung: Finken & Bumiller, Stuttgart
Umschlagmotiv: Adolf Hitler, Einübung von Rednerposen im Atelier Heinrich Hoffmanns, München 1926,
© bpk / Heinrich Hoffmann

Satz: Daniel Förster, Belgern
Herstellung: GGP Media GmbH, Pößneck
Printed in Germany

ISBN Print: 978-3-451-03479-4
ISBN E-Book (PDF): 978-3-451-83386-1
ISBN E-Book (EPUB): 978-3-451-83385-4

Inhalt

Vorwort

In vielen deutschen Papiergeschäften sieht man eine Fotografie: Adolf Hitler beugt sich zu einem kleinen Mädchen nieder, das ihm einen Blumenstrauß überreicht. Der Reichskanzler lächelt, denn mit einem so unschuldigen kleinen Wesen muß man ja lächeln. Aber dieses Lächeln sieht merkwürdig aus: die Kinnladen sperren sich nußknackerartig auseinander, das Gesicht hat etwas Verzerrtes, Ausdruckloses. Man fürchtet, im nächsten Augenblick werde er das kleine Mädchen beißen.

Das ist nun der gütige, lächelnde Adolf Hitler, der Kinderfreund, mit einem kleinen Mädchen auf einer grünen Wiese.

So wird er dem deutschen Volke gezeigt: der gütige Führer, der Freund des Volkes, der einfache, bescheidene Mensch. Selten sind die Augenblicke, in denen er sich ganz so zeigt, wie er wirklich ist. Jetzt ist das einmal ausnahmsweise geschehen. Die Welt hat einen Tag erlebt, an dem Adolf Hitler ganz aus sich heraustrat. Das war der Blutsamstag vom 30. Juni. Der Tag wird in Deutschland nicht so bald vergessen werden.

Es ist schon viele Jahre her. Adolf Hitler vergoß damals noch kein Blut, er sprach nur viel davon. Er wetterte und drohte, wie er, wenn er erst die Macht habe, seine Gegner köpfen und erschießen werde.

»Jawohl«, rief er in einer Versammlung, »man fragt uns: werdet ihr's denn wirklich übers Herz bringen, eure Gegner hinzumachen? Seid überzeugt: wir werden's übers Herz bringen!«

Jetzt hat er's übers Herz gebracht. Nicht nur seine Gegner ließ er beiseiteschaffen, in den Konzentrationslagern zu Tode prügeln, in den Zellen erhängen und auf der Flucht erschießen. Seine eigenen Freunde, seine ältesten Kameraden hat er jetzt an die Wand stellen lassen; die Männer, mit denen er zusammen von unten aufgestiegen ist, die ihm seine Partei erst gebaut haben, denen er seine Maria verdankt.

Nun sind sie tot. Niemand ist mehr unter den Lebenden, der mit Recht sagen könnte, daß Adolf Hitler keineswegs der einzige Schöpfer der nationalsozialistischen Bewegung gewesen ist. Niemand macht ihm das mehr streitig. Die es noch wagen durften, starben an einer einsamen Mauer oder in einer Zelle mit ein paar Kugeln in Brust und Kopf. Die übrig blieben, sind wenig bekannte Mannen bestenfalls aus der zweiten Reihe. Sie ducken sich und schweigen.

I.

Die »Eiserne Faust«

Es war eine sonderbare Zeit, das Jahr 1919. Seit einem Jahr war Deutschland eine Republik, aber man merkte nicht viel davon. In Berlin saß ein Reichspräsident, und der Reichstag hatte auf dem Papier alle Macht im Lande. In Wirklichkeit aber herrschten die Offiziere. Nicht einmal die Generäle, sondern die Oberstleutnants und Majore. Die alten Herren konnten sich in die sonderbare Zeit doch nicht so recht finden, aber ihre Gehilfen aus den mittleren Chargen begriffen jetzt erst richtig, warum sie nicht ein Jahr zuvor auf den Stufen des Thrones, den Degen in der Faust, für ihre respektiven Landesväter heldenmütig in den Tod gegangen waren. Ein schöneres Leben als in der Republik konnten sie sich gar nicht wünschen.

Überall im Lande saßen sie, die Majore und Oberstleutnants, und hatten ihre Büros. Man nannte das passenderweise Stäbe, denn das klingt militärischer. Von dort aus regierten sie irgendein Freikorps, ein eisernes Bataillon oder eine Einwohnerwehr und mit ihnen regierten sie das Land und ließen sich von den Ministern den Buckel lang rutschen. In Bayern war das nicht anders als in Mecklenburg oder Pommern, eher noch schlimmer. Dort hielt die ganzen militärischen Fäden ein noch junger Mann in der Hand, der noch nicht einmal Major war, sondern erst Hauptmann. Er hieß Ernst Röhm.

Dieser Röhm hatte nur einen Gedanken, er wollte in Bayern eine illegale Armee aufstellen, die stark genug wäre, um die Republik zu stürzen. Obgleich er selbst rein militärisch dachte, obgleich er von anderen Dingen als dem Kommiß kaum etwas verstand und zumal Politik ihm ein Gräuel war, sah er doch ein, daß er für seine schwarze Armee irgendeinen politischen Vorspann brauchte. Lange fand er nicht das Richtige, bis ein Zufall ihm das Gewünschte in den Weg führte.

Röhm hatte mit mehreren Offizieren und sonstigen Gesinnungsgenossen einen geselligen Kreis gebildet, in dem allerhand dunkle Sachen ausgeheckt und bedenkliche Unternehmungen vorbereitet wurden, von denen nachher noch die Rede sein wird. Er führte den schönen Namen: die »Eiserne Faust«. Man kam in der Wohnung eines Kameraden namens Römer zusammen. In diesen Kreis brachte eines Tages jemand einen dreißigjährigen Gefreiten mit, der trotz geringen Ranges als etwas Gehobenes gelten konnte, denn er war bei dem Freikorps des Generals Epp auf der Pressestelle beschäftigt. Diese sogenannten Pressestellen waren halb Spionage-, halb Reklameabteilungen, die für die Popularität des Freikorps zu sorgen hatten. Das Spionieren und das Reklamemachen waren also das Geschäft des jungen Gefreiten, der da zum ersten Mal mit dem Hauptmann Röhm bekannt wurde. Er hieß Adolf Hitler.

Wie Hitler den »Völkischen Beobachter« kaufte

Von da ab machten beide ihren Weg gemeinsam. Sie traten ziemlich gleichzeitig in eine winzige Partei ein, die sich damals noch »Deutsche Arbeiterpartei« nannte und unter der Führung eines gewissen Drexler stand. Hitler bekam in dieser Partei die Abteilung »Propaganda« zugewiesen, veranstaltete große Versammlungen, wurde ein beliebter Redner und schwang sich allmählich zum Führer der Partei auf.

Dazu brauchte er aber Geld. Dieses besorgte ihm nun sein Freund Röhm, der sich auch in der Partei mehr im Hintergrund hielt, dafür aber eine andere wichtige Aufgabe leistete: er führte ihr Mitglieder zu, und zwar nicht beliebige, sondern Reichswehroffiziere und Soldaten. Auf diese Weise bekam die Deutsche Arbeiterpartei, die sich bald Nationalsozialistische Deutsche Arbeiterpartei nannte, die richtigen Leute für den Zweck, den Röhm mit ihr vorhatte. Ihm lag nicht so viel an einem Verein, in dem schöne Reden gehalten wurden, sondern er wollte ein neues Freikorps haben, das für seine primitiven politischen Absichten brauchbarer sein sollte, als es die andern Korps bisher waren.

Hierfür schien ihm Hitler gerade der richtige Mann. Da eine richtige Partei aber auch eine Zeitung braucht, so sorgte Röhm dafür, daß Hitler eine bekam. Ein kleines antisemitisches Winkelblättchen stand 1921 zum Verkauf. Röhm besorgte mit Hilfe seines Chefs, des Generals v. Epp, bei der bayerischen Industrie 60 000 Mark und das Blatt wurde für die nationalsozialistische Partei gekauft. Das Blättchen hieß »Völkischer Beobachter«.

Drei Monate Gefängnis

Röhm und Hitler haben dann in guten und bösen Tagen viele Jahre lang zäh zusammengehalten. Röhm war bis 1923 immer der einflußreichste Berater des kommandierenden Generals der bayerischen Reichswehr und namentlich auch des bayerischen Infanterieführers, des Generals von Epp. Die nationalsozialistische Partei war damals nichts anderes als eine Filiale der bayerischen Reichswehr. Röhm sorgte dafür, daß sie Mitglieder aus den Offizieren und Soldaten bekam, daß sie eine SA bekam, daß sie Geld bekam und daß sie den Schub vor Polizei und Staatsanwalt bekam, den sie äußerst nötig hatte.

Denn diese Nazis gingen auf die Straße, überfielen in Haufen einzelne Gegner oder auch ganz harmlose Menschen und verprügelten sie. Hitler selbst drang einmal ohne allen Grund mit einem seiner Haufen in eine politische Versammlung ein und prügelte den Redner vom Podium herunter; dafür bekam er drei Monate Gefängnis.

Französisches Geld

Es kamen auch noch dunklere und verdächtigere Sachen vor. Im Jahre 1922 wurden in einem großen Hochverratsprozeß mehrere Münchner Politiker zu Zuchthaus verurteilt, weil sie mit Hilfe Frankreichs

Bayern vom Deutschen Reiche hatten losreißen wollen; dabei waren sie mit Geld von dem französischen Obersten Richert unterstützt worden. Dieser Oberst Richert hatte damals seinen Sitz in Saarbrücken und reiste häufig nach Bayern, um dort die separatistischen Bestrebungen zu schüren.

Einer der angeklagten Separatisten war der Redakteur Machhaus vom »Völkischen Beobachter«. Er hat sich an seinem Hosenträger in seiner Zelle erhängt – angeblich selbst erhängt. Bis heute wollen die Gerüchte nicht verstummen, daß seine ehemaligen Kameraden ihm diesen Henkersdienst besorgt haben, weil sie seinen Verrat fürchteten; man begreift ja auch sonst nicht, warum dem Machhaus sein Hosenträger gelassen worden sein soll, während sonst den Gefangenen alle derartigen Sachen abgenommen werden.

Fest steht: einer der engsten Mitarbeiter Hitlers hat 1922 mit französischem Gelde in Bayern Separatismus betrieben und ist dann auf rätselhafte Weise ums Leben gekommen.

Im Oktober 1923 besuchte der englische Unterhausabgeordnete Morel das in vollem politischen Aufruhr befindliche, von Hitler terrorisierte München. Diktator Bayerns war damals der Generalstaatskommissar Dr. Gustav von Kahr. Da der bayerische Diktator kein Englisch verstand, war als Dolmetscher der Kapitänleutnant a. D. Richard Wenig zugegen. Über die Unterredung zwischen Morel und Kahr hat Wenig im Februar in einem politischen Beleidigungsprozeß als Zeuge unter Eid eine sehr interessante Angabe gemacht. Er berichtete:

»Morel sagte wörtlich: Ich möchte Ihnen mitteilen, daß meine in hohen Stellungen befindlichen Pariser Freunde, darunter ein Mitglied des französischen Kabinetts, mir aufs bestimmteste erklärt haben, daß ein großer Teil des Geldes, das Hitler erhält, aus französischer Quelle stammt. Das Geld geht durch acht bis neun Stellen über das besetzte Gebiet.«

Nun, auch das Geld des Obersten Richert ging über das besetzte Gebiet, und einer seiner Empfänger war Hitlers Redakteur Hugo Machhaus. Morel ist inzwischen gestorben. Hugo Machhaus, der vielleicht etwas hätte erzählen können, wurde an seinem Hosenträger erhängt aufgefunden.

Aber Röhm lebte, und Gustav von Kahr lebte. Kahr wußte bestimmt etwas und wir sagten schon, daß auch Röhm von diesen Dingen schwerlich etwas verborgen geblieben ist. Die Zusammenhänge zwischen dem Obersten Richert, dem Redakteur Machhaus und den anderen bayerischen Separatisten hat er sehr genau gekannt, denn die Gelder sind, wie im Prozeß nachgewiesen wurde, auch an einen Wehrverband gegangen, der gleichfalls von Röhm kontrolliert wurde.

Jetzt sind diese beiden Mitwisser tot. Und mit Röhm starben alle Vertrauten seines Kreises, die möglicherweise ebensoviel wissen konnten wie er. Darum starb nicht nur Heines, den Röhm nach seinem eigenen Geständnis geliebt hat und der noch aus eigenem von den Anfangszeiten der Bewegung her, aus der Periode des Freikorps Roßbach, vieles wußte; darum wurde sogar ein Mann wie Ernst noch vom Schiffssteg heruntergeholt, damit er sein gefährliches Wissen nicht ins Ausland bringe.

Die Frage »Hat Adolf Hitler französisches Geld genommen?« werden sie nicht mehr beantworten.

Die Flucht an der Feldherrnhalle

Gerüchtweise sind außer Kahr anfangs auch der General a.D. von Lossow und der ehemalige Polizeioberst Seisser als tot gemeldet worden. Kahr, Lossow und Seisser bildeten im Jahre 1923 das Triumvirat, das den Hitlerputsch niederschlug. Hitler hatte die drei Männer mitten in einer politischen Versammlung zusammen mit dem heutigen Minister Heß überfallen, während Röhm und Göring an der Spitze der SA die Stadt besetzten. Er hatte sie mit vorgehaltener Pistole gezwungen, zusammen mit ihm eine ziemlich alberne Proklamation zu erlassen, in der die Reichsregierung und der damalige Reichspräsident Ebert für abgesetzt erklärt wurden. Aber sobald sie wieder frei waren, hatten die drei ein paar Handvoll Truppen zusammengezogen und mit diesen wenigen Mann am nächsten Tage das ganze, nach Tausenden zählende Rebellenheer zusammengeschossen. Vor einem Häuflein Polizisten nahm die ganze SA Reißaus. Und Hitler war dabei der erste, worüber wir Zeugenaussagen vor dem Untersuchungsrichter besitzen.

»Sobald das Feuer schwieg, stand Hitler *als erster* auf und lief nach rückwärts« – so hat z. B. der nationalsozialistische Arzt Dr. Schulz, der Hitler dann im Auto wegbrachte, vor dem Untersuchungsrichter ausgesagt. Es kam dann später zu dem großen Hochverratsprozeß. In diesem gab es eine für Hitler überaus peinliche Szene. Das war, als der General von Lossow und der Oberst Seisser unter atemlosem Schweigen des Gerichtssaales dem großen Führer unter Eid nachwiesen, daß er ihnen gegenüber sein Ehrenwort gebrochen hatte.

Ermordeter Geldgeber

Hat Hitler sich jetzt an diesen Männern rächen wollen?

Seiner Natur würde das nicht recht entsprechen. Er, der ewig streberhaft auf den Effekt blickt, würde sich eine bloße Kühlung des Rachedurstes ohne erkennbaren Nutzen nie gestatten. Dazu ist er im Grunde viel zu feige; er hat zuviel Angst vor den Folgen und darum nicht den Mut, seinen Gelüsten nachzugeben, wenn sie gefährliche Folgen haben könnten. Nein, wenn er mordet, muß er einen richtigen Nutzen davon haben.

Und den hat er. Röhm und Kahr waren jedenfalls Männer, die etwas über seine Zusammenhänge mit den bayerischen Fememorden (von denen noch näher die Rede sein wird) und über seine Geldquellen wußten. Das gleiche gilt, um von verschiedenen Beispielen nur eines zu nennen, auch von dem jetzt ermordeten ehemaligen völkischen Abgeordneten Dr. Glaser. Dieser Dr. Glaser war 1923 Syndikus der München-Augsburger Maschinenfabrik; er war der Mann, durch dessen Hände das Geld der bayerischen Schwerindustrie an Hitler floß.

Wahrlich, es paßt zum Bilde dieses Diktators: daß er zum Dank seinen eigenen Geldgeber ermorden ließ. Bekommen Krupp und Thyssen nicht eine Gänsehaut?

Die Ferne

Viele Menschen kamen damals in Bayern auf dunkle Weise ums Leben. Die Fememorde, die vor allem in den Jahren 1920/23 vorfielen, wiesen mit ihren Spuren immer wieder in den Kreis, der sich damals bayerische Reichswehr nannte. Vier Mordfälle treten vor allem hervor: die Ermordung des Kellners Hartung, des Dienstmädchens Sandmeier, des Studenten Bauer und des unabhängigen sozialdemokratischen Abgeordneten Gareis. Dieser wurde nachts an einer dunklen Hausecke abgeknallt, einen Tag bevor er im bayerischen Landtag die Zusammenhänge zwischen den Freikorps und der Reichswehr enthüllen wollte. Den Täter fand man nie, obwohl er wahrscheinlich zeitweise in Haft war und vielleicht sogar vor dem Richter gestanden hat. Niemand erkannte ihn – oder besser: wollte ihn erkennen. Die Mörder liefen in München herum – aber die Polizei fand sie nicht. Der Staatsanwalt fand sie nicht. Der Richter fand sie nicht. Der für alle diese unentdeckten Verbrechen im bayerischen Justizministerium zuständige Oberregierungsrat fand sie auch nicht. Dieser Oberregierungsrat war der heutige Reichsjustizminister Gürtner.

Wie aber in der Wildnis die Spuren zerrissenen Wildes zu den Raubtierhalden führen, so führten damals in Bayern alle Spuren der Fememorde, an denen es an sich nicht fehlte, zu einem Manne – zu dem Reichswehrhauptmann Ernst Röhm. Es wurden von Zeit zu Zeit immer wieder bestimmte Personen als Täter bezichtigt, gelegentlich auch verhaftet, einmal fand sogar ein Prozeß statt – aber das soll man der bayerischen Nachkriegsjustiz nicht nachsagen, daß sie die Fememörder auch noch ins Gefängnis gebracht hätte. Sie wurden freigesprochen, obwohl jedermann überzeugt war, daß die Angeklagten entweder die Mörder waren oder ihnen doch geholfen hatten. Und immer waren es Freunde Röhms. Der hervorragendste von ihnen war ein Leutnant Neunzert, der inzwischen aus dem politischen Leben verschwunden ist und der mit Röhm auf dem Duzfuße stand.

Zweifellos gehörten nun alle die Fememörder zu dem Komplex Reichswehr – NSDAP. Neunzert, Bally, Schweikhart, Zwengauer, Ruge – sie alle sind durch die SA hindurchgegangen. Man kann sagen, daß sie von Hitler nicht nur geschützt, sondern zum mindesten moralisch zu ihren Taten angestiftet wurden. Das läßt sich belegen. Nach der Ermordung des Ministers Rathenau wurde der damalige nominelle Führer der SA, ein gewisser Johann Ulrich Klintzsch, wegen Beihilfe zu der scheußlichen Tat verhaftet. Darauf hielt Hitler eine Rede auf Klintzsch, er, Hitler, sei gerade nach dieser Beschuldigung besonders stolz darauf, den Mordhelfer in seinen Reihen zu haben.

Ganz dunkel aber ist die Rolle des heutigen Reichsministers Rudolf Heß. Er hat während des Hitlerputsches am 9. November 1923 eine Anzahl bayerischer Minister als Geiseln verhaftet und persönlich im Auto entführt – das Ganze sah stark nach dem Beginn eines hübschen kleinen Gemetzels aus, das wahrscheinlich nur durch die schnelle Niederschlagung des Putsches verhindert worden ist. Auch sonst ist der Name von Heß öfters im Zusammenhang mit dunklen Femeaffären genannt worden. Der Staatsanwalt hat Heß sein Verhalten bei der Entführung besonders scharf als »gemeine Tat« angekreidet, und das mit Grund; als nämlich der Putsch zusammenbrach, empfahl Heß sich »auf französisch« und überließ die ihm anvertrauten Geiseln der »Obhut« einer sehr zweifelhaften Wache.

Fricks Anfänge

Die notwendige polizeiliche Deckung fanden diese Beschützer des Fememordes bei der Münchener politischen Polizei, die der damalige Oberregierungsrat Frick leitete. Frick hat auf Anweisung seines Vorgesetzten, des Polizeipräsidenten Pöhner, die Fememörder ohne Zweifel begünstigt und der Strafe entziehen helfen. Dafür hat Röhm den beiden literarisch seinen Dank ausgesprochen. In seiner Selbstbiografie schreibt er:

»Pöhner und Frick waren ein Dioskurenpaar, das sich gegenseitig ergänzte. War Pöhner ein Feuerkopf, energisch, tapfer und rasch entschlossen, so war Frick vielleicht etwas kühler und bedächtiger, dafür aber nicht minder zäh, entschlossen und verantwortungsfreudig.«

Zu welcher Verantwortung freudig? Auch das erzählt Röhm sehr vergnügt in dem gleichen Buch:

»Fememörder, sagt man – und dem Spießer gruselt es schon, wenn er bloß das Wort hört. Zum Polizeipräsidenten Pöhner kam einmal ein besorgter Staatsretter auf das Amtszimmer und teilte ihm im Flüsterton mit: ›Herr Präsident, es gibt politische Mordorganisationen!‹ ›So, so‹, erwiderte ihm dieser, ›aber noch zu wenig!‹«

Pöhner ist tot, er starb wenige Jahre darauf an einem Autounfall. Und so sehr waren seine Freunde durch die von ihnen selbst geschaffene Mordatmosphäre vergiftet, daß sie allen Ernstes behaupteten, der Besitzer dieses Wagens, der selbst schwer verletzt wurde, habe den Unfall nur inszeniert, um Pöhner zu töten. Selbst Röhm glaubte das, wie er in seinem Buch erkennen läßt.

Gürtner und Hitler

Frick ist heute Hitlers Innenminister, der damalige Oberregierungsrat Gürtner sein Justizminister. Keinen verdienteren Mann könnte Hitler in seinem Justizministerium haben. Denn Gürtner hat seinerzeit durch sein Eingreifen zuwege gebracht, daß Hitler nach seinem Putsch nur dreiviertel Jahre Festungshaft verbüßen mußte und den Rest der Strafe auf dem Wege der Bewährungsfrist geschenkt bekam. Nach dem Buchstaben des Gesetzes hätte die Bewährungsfrist nicht in Kraft treten dürfen, da Hitler noch während seiner Haft weiter konspiriert hatte. Aber Gürtner verbot dem Staatsanwalt, die erforderliche Beschwerde gegen die Bewilligung der Bewährungsfrist einzulegen. Auf diese Weise kam Hitler Ende 1924 wieder in Freiheit und konnte die NSDAP neu begründen. Man kann also sagen, daß der heutige Reichsjustizminister Gürtner, wenn nicht der Vater, so doch die juristische Hebamme des Dritten Reiches gewesen ist.

Gürtners Verdienste um Hitler persönlich sind also ebenso klar, wie die des einstigen Oberregierungsrats Frick. Im Übrigen mögen sie darum beten, daß Hitler weiter ihrer Schweigsamkeit in Bezug auf die Vergangenheit vertraut.

Denn wenn er einmal nicht mehr vertraut, dann fängt er an auszurotten.

II.

Erste Machtproben

Kehren wir ins Jahr 1923 zurück.

Die Zeit verfließt. Hitler wird bekannter, seine Versammlungen werden größer, seine Reden geschickter. Er war anfangs kein guter Sprecher; erst als er bei einem Berliner Schauspieler Sprachunterricht genommen hatte, besserten sich seine rednerischen Leistungen. Röhm baute ihm inzwischen die SA in den ersten Anfängen auf, wenn er auch nach außen nicht hervortrat. Sein Verdienst war es vor allem, daß Hitler überhaupt Offiziere für seine SA bekam. Denn die ehemaligen Leutnants und Hauptleute hatten keine Lust, sich dem ehemaligen Anstreicher und Gefreiten unterzuordnen. Sie taten es aber Röhm zuliebe, der für eine unbedingte Autorität war und der seinerseits mit einer schwärmerischen Freundschaft an Hitler hing.

Vor allem versah Röhm seinen Freund Hitler mit Waffen. Es waren natürlich Waffen, die der Reichswehr, also dem Staate gehörten; demselben Staate, den Hitler stürzen wollte.

Zweimal hat Röhm sich auf die Gefahr, seinen Posten zu verlieren, für Hitler eingesetzt und ihn vor der Gefahr gerettet, daß seine ganze Partei zerfiel und seine politische Karriere zum Teufel ging. Das erste Mal war Ende Januar 1923. Da verbot die bayerische Regierung die Abhaltung eines nationalsozialistischen Parteitags mit großer SA-Parade. Wäre das Verbot durchgeführt worden, so hätte das Hitler bei seinen Leuten seine ganze Autorität gekostet. Die Partei, die soeben erst durch eine Einigung mit Streicher in Nürnberg zu einem ernsthaften politischen Faktor geworden war, wäre sofort wieder auseinandergefallen. Da setzte Röhm den Einfluß der Reichswehr aufs Spiel und erreichte die Aufhebung des Verbots, was eine schwere Niederlage für die bayerische Regierung und nach außen scheinbar ein großer Sieg Hitlers war. Er hatte, so schien es, seinen Willen durchgesetzt; in Wirklichkeit war es aber Röhm, der das für ihn getan hatte.

Das zweite Mal war am 1. Mai 1923, als Hitler durch bewaffnetes Eingreifen die sozialistischen Maidemonstrationen auseinanderschlagen wollte. Damals ist Hitler, wohl das einzige Mal seit dem Kriege, in der Öffentlichkeit in Uniform und Stahlhelm erschienen. Diesmal mißlang Hitlers Plan kläglich, aber das abermalige Eingreifen Röhms bewahrte ihn wenigstens vor dem Schlimmsten.

Röhm macht Hitler zum »Führer«

Am 24. September 1923 setzte Röhm es durch, daß die meisten bayerischen Freikorps und Wehrverbände Hitler zu ihrem politischen Führer wählten. Das war ein sehr großer Erfolg, denn damit hatte Hitler eine Gefolgschaft gewonnen, die weit über seine noch verhältnismäßig kleine Partei hinausreichte. Diesen Erfolg hatte er ausschließlich Röhm zu verdanken, der seinen Abschied von der Reichswehr genommen hatte und sich nur noch dem Ziel widmete, mit seinen militärischen Mitteln Hitler zur politischen Macht zu verhelfen.

Röhm hat also durch seinen Einfluß auf die bayerischen Wehrverbände Hitler erst das Sprungbrett geschaffen für den Anlauf in die große Politik. Er selbst hat diesen Erfolg, durch den er die weitere Laufbahn Hitlers entscheidend beeinflußte, als Angeklagter im Hitler-Prozeß vor Hitlers Ohren und ohne Widerspruch in zwei knappen Sätzen dargestellt:

»Ich habe es als besonders lästig empfunden, daß in den Kampfverbänden eigentlich ein richtiger politischer Führer fehlte, und deshalb auch auf meine beiden Freunde Dr. Weber und Hauptmann Heiß eingewirkt, dafür zu sorgen, daß auch eine politische

Spitze eingesetzt werde. In einer Besprechung am 24. September 1923 wurde dann Adolf Hitler von Heiß und Weber zum politischen Führer des Kampfbundes bestimmt.«

Diese paar Worte kennzeichnen den ganzen Röhm. Er persönlich war kaum imstande, die ganze Bedeutung seines Eingreifens richtig zu übersehen, aber er griff jedenfalls ein, weil er nun einmal an Hitler glaubte, und leistete diesem dadurch einen unschätzbaren Dienst. Er schuf Hitler den Zugang bei dem bayerischen Reichswehrkommandeur von Lossow, er besorgte für ihn die Waffen, er sorgte dafür, daß er einexerzierte Truppen hatte – aus blinder Neigung. Er bat den Freund einmal ausdrücklich, er solle ihm doch nicht immer über seine politischen Verhandlungen berichten, das sei ihm viel zu langweilig, er glaube sowieso, daß Hitler es schon richtig machen werde. »Du brauchst nur zu sagen«, so erklärte er, »am soundsovielten stehst du morgens mit soundso viel Mann am Siegestor, dann steht der Röhm auch da!«

Erste Entfremdung 1925

Am 8. November 1923 machte dann Hitler seinen berühmten Putsch. Bei diesem ungeheuer dilettantisch durchgeführten und darum trotz großer Übermacht der Aufständischen schon am nächsten Tage zusammengebrochenen Unternehmen war Röhm der Einzige, der wenigstens rein militärisch etwas Vernünftiges tat: er besetzte mit seiner Truppe, der sogenannten »Reichskriegsflagge«, den Sitz des Generalkommandos und erschwerte dadurch die militärische Gegenwirkung der Regierung. Hitler fiel ihm dafür im Bürgerbräukeller vor aller Welt um den Hals.

Nach dem mißlungenen Putsch begann allmählich die erste Entfremdung zwischen den beiden, wie das meistens so geht, wenn zwei Schelmen ein gedrehtes Ding mißglückt ist. Der Ärger begann damit, daß Röhm, während Hitler auf Festung saß, die alte SA unter einem anderen Namen (Frontbann) wieder aufziehen wollte, und zwar unter der obersten Führung von Ludendorff.

II.

Hitler wurde eifersüchtig. Trotzdem versuchte er nach seiner Freilassung, als er 1925 die nationalsozialistische Partei von neuem gründete, Röhm für sich zu gewinnen, weil der Mann militärisch ungewöhnlich tüchtig und wegen seiner Beziehungen zur Reichswehr kaum zu entbehren war. Aber Röhm stellte Bedingungen. Er erklärte, wenn er die SA weiterführen solle, dann dürften die Politiker überhaupt nichts dreinreden, auch Hitler nicht; er sollte nur nominell oberster Führer sein. Hitler war tief beleidigt und brach die Verhandlungen ab.

Röhm war darüber erschüttert und hat das jahrelang nicht verwunden. Noch in seiner Lebensbeschreibung hat er dem Freunde und Führer darum ins Stammbuch geschrieben:

»Ich weiß, daß viele Menschen Mahner und Warner nicht ertragen können. Mit Hitler verband mich aufrichtige Freundschaft; gerade weil ich sah, daß sich Schmeichler an ihn drängten, die ihn bedingungslos anbeteten und kein Wort des Widerspruchs wagten, hielt ich mich für verpflichtet, als getreuer Kamerad zum Freunde offen zu reden.«

Ob mit den »Schmeichlern« Goebbels gemeint war? Jedenfalls war Röhm einer von den Nationalsozialisten, die frühzeitig sahen, wie die Erfolge Hitler den Kopf verdrehten. In den späteren Auflagen seines Buches hat er die Sätze gestrichen, aber Hitler wird sie ihm wohl nicht vergessen haben.

Er schrieb dann noch einen Abschiedsbrief an Hitler, in dem es hieß: »In Erinnerung an gemeinsam verlebte schöne und schwere Stunden möchte ich dir für deine Kameradschaft herzlich danken und bitte dich, mir deine persönliche Freundschaft nicht zu entziehen.«

Er bekam überhaupt keine Antwort.

So legte er 1925 zum ersten Mal die Führung der SA nieder. 1934 geschah es auf etwas andere Weise. 1924 kehrte zusammen mit Röhm dessen Freund Brückner der SA den Rücken. 1934 war dieser Brückner, der wenige Jahre zuvor zum ständigen Begleiter Hitlers avanciert war, unter dem von Hitler geführten Rollkommando, das Röhm und Heines in Bad Wiessee aushob, Röhm nach München abtransportierte und dort abknallen ließ.

Das heißt Freundestreue.

Aussöhnung

Erst 1927 söhnte Röhm sich wieder mit Hitler aus. Es fiel dem bereits in guten Verhältnissen lebenden Hitler aber nicht ein, Röhm zu helfen, der sich damals in bitterster Not befand; als er einmal aus politischen Gründen zu einer Geldstrafe von 300 Mark verurteilt wurde, mußte er ein Inserat im »Völkischen Beobachter« aufgeben, in dem er darum bettelte, ihm die dreihundert Mark doch zu leihen. Dazu war aber keiner der braunen Gesinnungsathleten, vom obersten Führer angefangen, bereit, Röhm mußte, weil er das Geld nicht zahlen konnte, zehn Tage im Gefängnis absitzen. Darum nahm er 1928 mit tausend Freuden einen Ruf der bolivianischen Regierung als Instruktionsoffizier an.

In Bolivien blieb er aber nur ein Jahr. Denn inzwischen war für Hitler das große Glücksjahr 1930 gekommen, das ihm 107 Reichstagsabgeordnete brachte. Jetzt hatte er Erfolg, und jetzt hatte er auch Geld in Hülle und Fülle. Vorher hatte nur ein Teil der Großindustrie, an ihrer Spitze der alte Scharfmacher Emil Kirdorf, ihn mit Geld unterstützt. Jetzt wurde es fast bei der ganzen Industrie und bei einem großen Teil der Bankwelt Mode, seine politischen Schmiergelder in dem aussichtsreichen Unternehmen dieser »Arbeiterpartei« mit 300 Prozent Zinsen anzulegen. Georg von Stauß von der Deutschen Bank, Friedrich Reinhart von der Commerz- und Privatbank, Herr von Schröder vom Bankhaus Stein & Co. in Köln, vor allem aber der zwar im zeitweiligen Ruhestande lebende, aber trotzdem einflußreiche Reichsbankpräsident Dr. Hjalmar Schacht sorgten dafür, daß die Kassen voll und die Reihen dicht geschlossen wurden. Zum Dank dafür zog die nationalsozialistische Reichstagsfraktion einen Antrag, daß die Bank- und Börsenfürsten enteignet und der Leihzins auf 5 Prozent begrenzt werden solle, feierlich, wenn auch unter dem Gelächter des ganzen Reichstages zurück. Herr Dr. Schacht wiederum revanchierte sich dafür, indem er in der »Deutschen Allgemeinen Zeitung« erklärte: Hitler muß Kanzler werden. Sein wirtschaftliches Programm spielt dabei keine Rolle, denn das wird ja doch nicht ernst genommen.

Herr Dr. Schacht hat sich als ein guter Prophet erwiesen. Hitler hat die paar sozialistischen Floskeln seines Programms weder damals noch später, als er schon Kanzler war, ernst genommen.

Stabschef der SA

Dafür aber hatte er das Geld der Börsenfürsten in der Tasche und 100 000 SA-Männer hinter sich. Es sollte aber eine Million werden. Zu diesem Zweck stellte er im Januar 1931 an die Spitze der Truppe den Mann, der trotz aller Reibereien nun doch einmal der brauchbarste war, nämlich Röhm. Hals über Kopf kam der aus Bolivien zurück. Seine erste Aufgabe war, die Revolten von ein paar Führern niederzuwerfen, die mit dem neuen kapitalistischen Kurs nicht einverstanden waren. Er tat das mit bemerkenswerter Gründlichkeit und setzte die Rebellen, an ihrer Spitze den ehemaligen Polizeihauptmann Stennes, kurz und knapp auf die Straße. Auch Hitler hatte persönlich eingegriffen, aber dabei einen eklatanten Mißerfolg gehabt; er hatte nämlich den Aufrührern etwas vorgeweint, was auf diese rauhen Gesellen einen peinlichen, nein ekelhaften Eindruck machte. Röhm selbst feuerte die Aufrührer so brutal hinaus, daß man überzeugt sein darf, er hätte sie, wenn er die Macht gehabt hätte, ebenso erschossen, wie er selbst drei Jahre später von Hitler erschossen worden ist.

Und dann begann er, die SA in seinem »Geiste« umzuformen. Was war das für ein Geist?

Röhms Privatleben

Im Jahre 1925 wurde Röhm, der sich damals als Reichstagsabgeordneter in Berlin aufhielt, ein Koffer gestohlen. Das wurde ziemlich rasch bekannt, denn Röhm klagte jedermann, wie unangenehm es ihm sei, daß er einen Koffer mit wichtigen politischen Akten vermisse. Allmählich kam aber im engeren Kreise heraus, daß der Koffer unter ganz besonderen Umständen verloren gegangen war und daß die entwendeten Akten dabei nicht das Unangenehmste waren. Kurz gesagt: Röhm war mit einem richtigen Berliner »Strichjungen« auf sein Hotelzimmer gegangen, bei dieser Gelegenheit hatte der Junge ihm seinen Gepäckschein gestohlen und hatte den Koffer von der Bahn abgeholt. Da der Dieb später verhaftet und abgeurteilt wurde, existiert über den Vorgang ein ausführliches gerichtliches Protokoll, das viele Jahre später auch der Öffentlichkeit bekannt wurde.

Im internen Kreise der NSDAP war man aber über die besondere Veranlagung des Hauptmanns Röhm schon viel länger unterrichtet. Bevor noch die breitere Öffentlichkeit etwas davon erfuhr, begab sich eine Delegation angesehener Parteigenossen unter der Führung des Grafen Reventlow zu Hitler und machte ihn auf die Gefährdung der Jugend durch einen Oberbefehlshaber wie Röhm aufmerksam. Und Hitler? Er antwortete zynisch: »Mir ist es ganz wurscht, ob einer von vorn oder von hinten ...« nun folgte ein nicht wiederzugebendes Wort.

Erstaunlich, wie dicht die Beteiligten hielten. Eine dunkle Andeutung machte 1924 der mittelfränkische Abgeordnete Holzwarth in einem offenen Brief. Er erzählte allerlei Skandalgeschichten aus der Bewegung, namentlich über Streicher, und sagte am Schluß, er könne auch »noch trübere Schlammfluten aufrühren«.

Im März 1932 wurde Röhms Privatleben der Öffentlichkeit zum ersten Mal durch eine Mitteilung der »Welt am Montag« bekannt. Das Blatt fußte auf Material, das der sozialdemokratische Schriftsteller Dr. Helmut Klotz, ein einstiger Nationalsozialist und Beteiligter am Hitlerputsch von 1923, gesammelt hatte und dann in einer Broschüre veröffentlichte. Röhm klagte zuerst wegen dieser Publikation, zog aber dann die Klage zurück mit der fadenscheinigen Begründung, er habe weder Zeit noch Geld für derartige Prozesse. Hitler verbohrte und verbiß sich jetzt geradezu in den Fall

Röhm; er betrachtete es als Ehrensache, den bemakelten Kameraden der öffentlichen Meinung zum Trotz zu halten. Denn bemakelt war Röhm. Nicht wegen seiner Neigung an sich; die hätte seine Privatsache sein können. Aber er ließ sie nicht Privatsache sein. Er umgab sich mit einem ganzen Führerstab Gleichgerichteter; was dieser von Natur zügellose Haufen unter den unglücklichen SA-Jungens angerichtet hat, läßt sich nur ahnen. Heines, Reiner, Ernst, Graf Helldorf, Graf Spreti, Graf du Moulin-Eckardt jr. – für Grafen scheint Röhm eine Schwäche gehabt zu haben. Und gleichzeitig brachte er die Heuchelei fertig, 1931 einen Dienstbefehl für die SA herauszugeben, in dem die Aufnahme geschlechtlich Abnormer verboten wurde!

Solange Röhm seinem Führer blindlings wie ein Hund ergeben war, hat Hitler an dem Treiben Röhms und seiner Lustknaben niemals Anstoß genommen. Dabei wußte er genau, daß diese Menschen ihrer unglückseligen Neigung nicht etwa nur im Stillen und unter Ausschluß der Öffentlichkeit frönten. Nein, sie zwangen ihre Untergebenen, die unglücklichen Hitlerjungens und jungen SA-Männer, oft mit Gewalt, ihnen zu Willen zu sein.

Der Verbrecher Heines

Auch das wußte Hitler. Er wußte z. B. von dem verbrecherischen Treiben des Leutnants Heines, der einer der intimsten Freunde Röhms war. Dieser Heines hat als Führer einer nationalsozialistischen Jugendabteilung »Schill« im Jahre 1927 den Sohn eines Zeitungsverlegers H. aus dem fränkischen Städtchen Uffenheim gezwungen, ihm zu Willen zu sein, und den Jungen dadurch auf Lebenszeit unglücklich gemacht. Der Vater erzwang sich eine Audienz bei Hitler und machte ihm Vorwürfe; darauf erwiderte Hitler mit gut gespieltem Biedermannskummer: »Mein lieber Herr H., ich weiß das alles, aber was soll ich machen?« Und im Frühjahr 1933 hat die SA das Uffenheimer Zeitungsgebäude gestürmt und demoliert – natürlich Zufall!

Immerhin – Heines trieb es so toll, daß Hitler ihn 1927 doch endlich aus der Partei ausschloß. Aber dieser Ausschluß währte nicht lange. 1930 war der vor drei Jahren Ausgeschlossene auf einmal nationalsozialistischer Reichstagsabgeordneter und SA-Führer in Breslau. Wie war das möglich?

Die Erklärung ist einfach: Hitler konnte es nicht wagen, Heines fallen zu lassen, weil dieser mit einem Skandal drohte, in dem die ganze Parteiführung mitsamt dem Führer untergegangen wäre. Heines wußte zu viel.

Was hätte Heines enthüllen können? Sehen wir von den schon erwähnten dunklen Punkten ganz ab – er hätte der Welt mitteilen können, daß einige von Hitlers Intimsten unter gleichem Verdacht standen. Es waren der spätere Reichsminister Heß, der spätere Justizminister Dr. Frank und der spätere Reichsjugendführer von Schirach.

Inzwischen aber hatte Heines Dutzende von verführten jungen Menschen unglücklich gemacht. Zwar aus Bayern, wo er sehr kompromittiert war, mußte er weichen; er wurde zuerst Reichstagsabgeordneter, dann mit Hilfe seines Freundes Röhm SA-Obergruppenführer und zuletzt Polizeipräsident in Breslau. Wie hatte doch Hitler gesagt? »Es geschieht nichts in der Bewegung ohne meinen Willen.« Mit seinem Willen wurde also der Mensch, den er sechs Jahre zuvor als unwürdig aus seiner Partei ausgeschlossen hatte, Herr über Leben und Tod in einer der größten deutschen Städte. Die Professoren der Breslauer Gymnasien können erzählen, wieviel von ihren Primanern er auf dem Gewissen hat. Schon im Frühjahr 1933 war der Skandal so ungeheuer, daß man ihn aus Breslau unter dem Schein einer Beförderung nach Stettin versetzen wollte. Aber Heines weigerte sich einfach, zu gehen, und Hitler wagte nicht mehr, zu widersprechen.

Und der 22jährige Standartenführer Schmidt spielte weiter den Kuppler und Zutreiber für Heines unter den Breslauer Gymnasiasten.

Mißbrauchte SA

Und Heines war nur einer von vielen. Zu dem Röhmkreise gehörte beispielsweise auch der Obergruppenführer von Fichte aus Kassel. Als dieser noch SA-Führer in Düsseldorf war, hatte er einen Adjutanten namens Bäßler. Bäßler erhielt einmal von Fichte nach einer abendlichen Sektreise durch mehrere Kneipen den »dienstlichen Befehl«, er solle mit seinem Vorgesetzten »in einem Bett schlafen«. Befehl ist Befehl, und man muß gehorchen. Als aber der Vorgesetzte »handgreiflich« werden wollte, da wurde es dem Adjutanten doch zu viel, und er verließ unter Protest nicht nur das Lokal, sondern auch die Partei. In der sozialdemokratischen Presse (z. B. »Fränkische Tagespost« vom 4. Juli 1931) hat er die Geschichte erzählt, ohne daß von Fichte sich rührte. Das geschah erst viel später auf ebenso feige wie grausige Art. Bäßler trat nämlich den Düsseldorfer Kommunisten bei – und im März 1933 wurde er »auf der Flucht erschossen«. Braucht man überhaupt noch zu fragen, warum?

Hitler deckt alles

Als der Röhmskandal bereits die ganze Öffentlichkeit erfüllte, und es hieß, daß an Röhms Stelle der Major Pabst Stabschef der SA werden solle, da erließ Hitler zornsprühend folgende Bekanntmachung:

> Hauptmann Röhm bleibt mein Stabschef jetzt und nach den Wahlen. Major Pabst wird nicht mein Stabschef. An dieser Tatsache wird auch durch die schmutzigste und widerlichste Hetze, die vor Verfälschungen, Gesetzesverletzungen und Amtsmißbrauch nicht zurückschreckt und ihre gesetzmäßige Sühne finden wird, nichts ändern.
>
> München, 6. April 1932. gez. Adolf Hitler.

Und noch am 1. Januar 1934, also sechs Monate vor seiner Ermordung, schrieb er an Röhm diesen, fast zärtlich klingenden offenen Brief:

> Mein lieber Stabschef Röhm, der Kampf der nationalsozialistischen Bewegung und die nationalsozialistische Revolution wurde nur ermöglicht durch die konsequente Niederschlagung des marxistischen Terrors durch die SA. Am Abschluß des Jahres der nationalsozialistischen Revolution drängt es mich daher, Dir, mein lieber Ernst Röhm, für die unvergänglichen Verdienste zu danken, die Du der nationalsozialistischen Bewegung und dem deutschen Volke geleistet hast, und Dir zu versichern, wie sehr ich dem Schicksal dankbar bin, solche Männer wie Du als meinen Freund und Kampfgenossen bezeichnen zu dürfen.
>
> In herzlicher Freundschaft und dankbarer Würdigung
>
> Dein Adolf Hitler

Und wenn alle sonstigen Beweise für Hitlers Mitwisserschaft an diesen Dingen beiseite geräumt werden könnten – Röhm selbst hat dafür gesorgt, daß wenigstens einer erhalten bleibt. In seiner Selbstbiografie »Geschichte eines Hochverräters« hat er sich selbst mit Worten, die gar nicht mißzuverstehen sind, zu seiner Veranlagung bekannt:

»Nichts ist erlogener als diese sogenannte Moral der Gesellschaft. Ich stelle fest, daß ich nicht zu den Braven gehöre und nicht den Ehrgeiz habe, ihnen zugesellt zu werden. Zu den ›Moralischen‹ will ich aber schon gar nicht zählen, denn ich habe die Erfahrung gemacht, daß es mit der ›Moral‹ dieser ›Moralischen‹ meist nicht allzu weit her ist. Wenn gar sogenannte Staatsmänner, Volksführer usw. in Moral machen, ist es meist ein Beweis dafür, daß ihnen nichts Besseres einfällt. Bei einer gewissen Sorte völkischer Literaten, die meist nicht im Felde waren und den Krieg vom sicheren Port aus ›erlebten‹, kann dies freilich nicht Wunder nehmen. Nimmt gar der Staat für sich das Recht in Anspruch und glaubt, durch Gesetze menschliche Triebe regeln oder in andere Bahnen lenken zu können, so erscheint mir das laienhaft und zweckwidrig. Wahn, Wahn, überall Wahn! um mit Richard Wagners Hans Sachs zu sprechen.«

Kann man noch deutlicher gegen den § 175 polemisieren?

Dieser Brunstschrei nach der freien Wildbahn, diese Kriegserklärung an Recht und Sittlichkeit – das ist der wahre Geist der NSDAP und zumal der SA. Zügellosigkeit auf allen Gebieten, hemmungslose Nachgiebigkeit gegen alle Triebe, ob der Liebe oder des Mordes – das ist es, was die Bewegung überhaupt eine Zeitlang groß gemacht hat und was sie heute mit der Notwendigkeit eines Naturgesetzes zerstört.

III.

Röhm und Schleicher

Röhm trat zuerst Anfang 1931 handelnd in die ganz große Politik ein. Im Januar dieses Jahres wurde er nach siebenjähriger Pause wieder an die Spitze der SA gestellt. Im Januar dieses Jahres begann er die SA zu reorganisieren, d. h. sie aus einem mäßigen Saalschutzverband in eine echte Privatarmee umzuwandeln.

Er hat seine Aufgabe von Anfang an nicht nach dem Willen Hitlers angefaßt. Hitler wollte einen großen Propagandatrupp haben, eine »Kleisterkolonne«, wie die braunen Militärs verächtlich sagten. Röhm dagegen tat als SA-Chef dasselbe, was er schon als Verbindungsoffizier beim Wehrkreiskommando VII getan hatte: er schuf im ständigen Einvernehmen mit dem Reichswehrministerium eine getarnte Armee, die zur gewaltsamen Eroberung der Macht imstande sein sollte, im Notfall jedoch auch gegen den äußeren Feind als verlängerte Reichswehr dienen konnte. Beides war Hitler prinzipiell zuwider. Er wollte die Macht nicht mit Gewalt erobern, wenigstens nicht mit jener Art von Gewalt, wie Röhm sie sich vorstellte; seine Revolution sollte nur mit Genehmigung des Herrn Reichspräsidenten stattfinden. Vor allem aber hatte er keine Lust, die SA den Exerzierkünsten der Reichswehr zur Verfügung zu stellen, denn damit mußte er in die Hand des Reichswehrministeriums geraten und von diesem abhängig werden.

Es hob nun ein eigentümliches Spiel an, das zwischen Hitler, Göring, Röhm und dem damaligen Staatssekretär, späteren Reichswehrminister und schließlichen Reichskanzler von Schleicher gespielt wurde. Röhm konspirierte geradezu mit Schleicher, um mit seiner Hilfe Hitler an die Staatsmacht heranzulotsen: Hitler sollte auf diesem Wege ein Stück Macht bekommen, jedoch auch wiederum diese Macht mit den bereits im Staate herrschenden Mächten teilen. Göring, der dagegen enger mit Hitler zusammenarbeitete, besaß gute Beziehungen zu dem ehemaligen Kronprinzen und durch ihn zu Oskar von Hindenburg. Er hatte dadurch Zugang auch zum »alten Herrn« und nützte die Verbindung, um für den »Alles-oder-nichts«-Standpunkt seines Chefs Verständnis zu wecken. Bis in den Herbst 1932 gab es freilich keine Beziehung und keine Protektion, die stärker gewesen wäre als der Einfluß Schleichers, der mit Oskar von Hindenburg noch besser stand, beim Reichspräsidenten aus gemeinsam verbrachter Zeit im großen Hauptquartier glänzend angeschrieben war und den »böhmischen Gefreiten« nach Kräften lächerlich machte.

Es ist ein alberner Trick, wenn jetzt in den amtlichen Erklärungen für das Verbrechen es dem General von Schleicher zum Vorwurf gemacht wird, daß er mit Röhm in Verbindung getreten sei. Diese Verbindung bestand seit Jahren. Und wenn es die Welt nicht ohnehin wußte, so hätte sie es aus dem kürzlich veröffentlichten Tagebuch von Dr. Goebbels erfahren, welche außerordentlichen Dienste Röhm – trotz aller gelegentlichen Quertreibereien – durch seine Beziehungen zu Schleicher seinem Führer geleistet hat. Röhm war es, der Schleicher dazu brachte, Brüning zu stürzen. Goebbels bemerkt in seinem Tagebuch am 8. Mai 1932:

»Der Plan geht dahin, ein Präsidialkabinett zu installieren; der Reichstag wird aufgelöst, alle Zwangsgesetze sollen fallen, wir bekommen Agitationsfreiheit und liefern dann ein Meisterstück an Propaganda. Beglückend das Gefühl, daß noch kein Mensch etwas ahnt, am wenigsten Brüning selbst. Wir sind gespannt, aber doch immer noch mißtrauisch. Wenn's gelingt, dann haben unsere Unterhändler, an ihrer Spitze Stabschef Röhm, ein Meisterstück gemacht.«

Es gelang. Am 30. Mai fiel Brüning. Röhm hatte sein »Meisterstück« gemacht.

Dann trat freilich eine Entfremdung zwischen Röhm und Schleicher ein. Denn beide hatten erwartet und es geradezu darauf angelegt, daß nach dem Sturze Brünings Hitler das von Schleicher ins Leben gerufene Kabinett Papen »tolerieren« werde. Ja, Hitler gab sogar dem Reichspräsidenten Hindenburg persönlich sein Wort darauf. Das Wort hat er gebrochen, und Hindenburg hat ihm das später, am 13. August 1932, öffentlich vorgeworfen. Röhm war bei diesem Spiel wohl selbst der Betrogene, noch mehr aber Schleicher, der Röhm die Schuld an dem Reinfall gab. Schon wegen dieser schlechten Erfahrung ist es sehr unglaubwürdig, daß der General im Jahre 1934 abermals mit dem Stabschef konspiriert haben soll.

Verratene Geheimnisse

Bei diesen Unterhandlungen mit Schleicher hatte Röhm etwas getan, was Hitler ihm nie verzeihen konnte. Er hatte Schleicher Material über Hitler geliefert. Zum mindesten hat der General im vertrauten Kreise durchblicken lassen, daß Röhm ihn über gewisse Dinge informiert habe, und daß diese Dinge so seien, daß ihre Veröffentlichung Hitler schweren politischen Schaden tun könne. Jedenfalls ist er als Kanzler noch überzeugt gewesen, daß er Hitler durchaus in der Hand habe und imstande sei, ihm nötigenfalls die Luft gründlich abzudrehen. Er hat es aber nicht getan, obwohl nach der bekannten Unterredung zwischen Hitler und Papen in Köln es höchste Zeit dazu gewesen wäre.

Ob nun dem stürzenden Kanzler damals die Ereignisse und die Chancen zu schnell davonliefen oder ob es ihm zweckmäßiger schien, nur die maßgebendste Stelle und nicht die Öffentlichkeit zu informieren; ob ihm gar von dieser Stelle oder aus ihrer Nähe die Veröffentlichung verboten worden ist, weil Gegenenthüllungen über den Neudecker Kreis drohten – darüber ist in den sogenannten unterrichteten Kreisen viel behauptet und geflüstert worden. Außer Zweifel steht, daß Schleicher Material über Hitler besaß, wie er auch Material über Hugenberg und Hindenburg besaß. Wir werden in anderem Zusammenhang nochmals auf das Hitlermaterial zu sprechen kommen und sehen, in welche Kanäle es geflossen und wo es heute offenbar aufgefischt worden ist. Jedenfalls hatte Schleicher viele Zündschnüre in der Hand und konnte, wenn er wollte, mehr als eine Mine hochgehen lassen. Wenn man sich das vor Augen hält, wird man manches verstehen, was auf den ersten Blick unbegreiflich erscheint.

Gregor Strasser und der Führer

In seinen Untergang hat General v. Schleicher auch Gregor Strasser, den ehemals zweitstärksten Mann der NSDAP hineingezogen. Dabei hat ihr Tod wahrscheinlich gar nichts mit einer angeblichen Verschwörung zu tun, von der ihre Henker erzählen. Aber sie haben vor fast zwei Jahren in einer entscheidenden Stunde Deutschlands versucht, den Lauf der Geschichte zu ändern, und sind dadurch einander zum Schicksal geworden.

Wenn man Röhm als den eigentlichen Baumeister der NSDAP in ihrer ersten Periode bis 1923 bezeichnen kann, so Strasser als ihren Organisator von 1925 bis 1932.

Gregor Strasser kam 1921 zur NSDAP, spielte aber in ihr als SA-Führer von Niederbayern anfangs keine Rolle. Erst nach dem mißlungenen Hitlerputsch, an dem er selbst übrigens teilgenommen hatte, begann seine Karriere. Während Hitler auf Festung saß, rückte Strasser plötzlich zum Führer des hitlerfeindlichen Flügels des Nationalsozialismus vor, schwenkte jedoch um, als Hitler wieder freikam, und schloß sich ihm an. Doch war er charaktervoll genug, mit den schmierigen Gestalten in Hitlers Umgebung, namentlich mit Streicher und Esser, keinen Frieden zu machen. Er betonte auch, daß er sich um der gemeinsamen Idee willen Hitler zur Seite stelle, nicht unterordne. In seinen politischen Vorstellungen war er klarer und verantwortungsbewußter als Hitler, dabei auch arbeitsamer und stetiger. Der Aufbau der nationalsozialistischen Parteiorganisation (abgesehen von der SA) bis 1932 ist sein Werk.

Von Anfang an suchten die beiden Rivalen innerhalb der Partei besondere Machtpositionen für sich zu schaffen. Hitler interessierte sich in den ersten Jahren nach der Neugründung der Partei fast nur für den Aufschwung des »Völkischen Beobachters«. Die heute so stolze SS war damals in der Hauptsache nichts als eine Werbekolonne für Abonnements und Inserate des Parteiorgans. Umgekehrt gründete Strasser auch für sich eine eigene Zeitungszentrale, den »Kampfverlag« in Berlin, den sein Bruder, Dr. Otto Strasser, leitete. Die beiden Brüder steckten so ziemlich ihr ganzes Privatvermögen in das Unternehmen. Hitler dagegen fand andere Quellen. Er begann 1926 systematisch die rheinischen Großindustriellen zu bearbeiten, hielt in Essen und Königswinter Vorträge vor ihnen und sprach so, daß die Blätter der Schwerindustrie, wie die »Rheinisch-Westfälische Zeitung« ganz begeistert von diesem »Sozialisten« waren. Da war das Kassieren leicht. Es waren peinliche Tage für Gregor Strasser, der gleichzeitig den Kumpels und Hüttenarbeitern im Ruhrgebiet den Nationalsozialismus predigte und mit einer starken Betonung der sozialistischen Seite bei Teilen der Arbeiterschaft gewisse Erfolge erzielte.

Goebbels und die Fürsten

Noch radikaler als er selbst redete und schrieb ein junger Parteifunktionär, den Strasser in Elberfeld entdeckt und zu seinem Privatsekretär gemacht hatte. Er hieß Dr. Joseph Goebbels. Goebbels riß über den reaktionären Kurs des »großen Manitou« (das war Hitlers Spitzname in Parteikreisen) den Mund noch viel weiter auf. Strasser und Goebbels schlossen die norddeutschen Gaue der NSDAP zu einer eigenen Arbeitsgemeinschaft zusammen, die sich auf einer Tagung in Hannover ein radikaleres, von den viel beredeten 25 Punkten abweichendes Programm gab. Das geheime Ziel war, den Führer Hitler, von dessen ewigen Phrasen man genug hatte, nach und nach zum bloßen Ehrenvorsitzenden der Partei herabzudrücken. Die beiden mochten ganz aufrichtig glauben, daß sie gegenüber

Hitler die wahren Sozialisten seien. Das war natürlich eine Wahnvorstellung von Leuten, die vom Marxismus nichts kannten als die üblichen bürgerlichen Vorurteile, und die gerade darum noch nie den Mut vor sich selbst gefunden hatten, über den Begriff des Sozialismus einmal gründlich nachzudenken.

Immerhin, so reaktionär wie Hitler waren sie in der Tat nicht. Das sollte sich bald zeigen.

Als auf der Hannoveraner Tagung der »Brecher der Zinsknechtschaft« Gottfried Feder im Auftrage Hitlers erschien, beantragte Goebbels in höchster Wut, ihn einfach hinauszuwerfen. Der einzige norddeutsche Gauleiter, der damals Strasser entgegentrat und sich pathetisch zu Hitler bekannte, war der Vertreter von Köln, Dr. Robert Ley. Dieser Gesinnungstüchtigkeit verdankt der selbst für nationalsozialistische Begriffe ungewöhnlich beschränkte und ungeschickte Dr. Ley seine spätere große Laufbahn.

Hitler fand bald einen Strick, mit dem er Strassers Opposition erdrosselte. Das war der Kampf um die sogenannte Fürstenabfindung. Im Jahre 1926 ging eine große Bewegung durch Deutschland, das letzte ganz große Lebenszeichen der republikanischen Gesinnung unseres Volkes. Sie rief zum Widerstand dagegen auf, daß den ehemaligen Fürsten aus Staatsvermögen viele Hunderte von Millionen als sogenannte Entschädigung für ihre »Verluste« in der Revolution ausgezahlt werden sollten. Sozialdemokraten, Kommunisten und auch viele Angehörige anderer Parteien traten der Bewegung bei.

Auch Gregor und Otto Strasser verlangten, daß die Nationalsozialisten sich gegen den Beutezug der Fürsten aussprechen sollten. Darüber geriet Hitler in Harnisch. Er berief eine Führertagung nach Bamberg und donnerte dort die Brüder Strasser nieder: an dieser marxistisch-jüdischen Bewegung dürfe sich kein Nationalsozialist beteiligen. Und siehe, Hitler fand Hilfe, wo man sie am wenigsten erwartet hätte: bei Dr. Goebbels, dem bisher so radikalen »Sozialisten« und Verschwörer gegen Hitler. Dieser beging an den beiden Brüdern Strasser einen »unerhörten Verrat«, wie ihm der damalige SA-Chef von Pfeffer nach der Tagung unter die Nase rieb. Er schwenkte zu Hitler über, entschied dadurch den Ausgang der Bamberger Tagung und begann an jenem Tage seine Laufbahn in der NSDAP als ewig serviler, immer wieder heimlich intrigierender und zuletzt doch stets aus der Hand fressender Günstling Hitlers.

Seitdem waren Goebbels und die Brüder Strasser grimmige Feinde. Zum Dank wurde der junge Mann aus Elberfeld bald darauf von Hitler zum Gauleiter von Berlin ernannt.

Die heute so reaktionsfeindlich tuende nationalsozialistische Partei beschloß also damals auf Verlangen Hitlers, daß die Fürsten ihre Millionen zu bekommen hätten. Man kann das gar nicht scharf genug im Gedächtnis behalten. Die breiten Volksschichten, namentlich in den Städten, fanden es damals ganz selbstverständlich, daß die 1918 davongelaufenen Fürsten keinen Anspruch mehr auf ihre doch nur dem Volke abgenommenen Güter hätten. Hitler dagegen fand es selbstverständlich, daß diesen Fürsten Hunderte von Millionen Volksvermögen ausgeliefert wurden. Warum – das ist leicht zu durchschauen. Hitler war bereits damals in den Händen seiner kapitalistischen Geldgeber. Diese fürchteten, wenn man mit der Enteignung erst einmal bei den Fürsten anfange, dann würden sie selbst ebenfalls eines Tages drankommen.

Gleichzeitig mit Hitler setzte sich ein anderer Mann sehr stark für die Auslieferung des Volksvermögens an die Fürsten ein: der Reichsbankpräsident Dr. Hjalmar Schacht. Er war damals noch Mitglied der demokratischen Partei. Weil diese Partei nicht ausdrücklich für die Fürsten Stellung nahm, trat er aus ihr aus. Ist es ein Zufall, daß schon damals Hitler und sein späterer Berater sich unter derselben privatkapitalistischen Parole zusammenfanden?

Otto Strassers Austritt

Die organisatorische Führung der Partei blieb aber trotz Bamberg auch weiterhin in den Händen Gregor Strassers. Da kam es im Frühjahr 1930, kurz vor dem neuen großen Aufschwung der NSDAP, zu einem neuen Krach. Er ging von Otto Strasser aus, der einen klareren sozialistischen Kurs verlangte. Hitler trat Otto Strasser selbstverständlich heftig entgegen; es ist auch nicht recht zu verstehen, wie Otto Strasser nach allen bisherigen Erfahrungen die NSDAP immer noch für eine sozialistische Bewegung halten konnte.

Hitler erklärte ihm zynisch, daß das Wort »Sozialismus« im Namen des Nationalsozialismus eine unglückliche Beimischung sei, und setzte hinzu: »Die große Masse der Arbeiter können wir ja doch nie innerlich für uns gewinnen, die will ja nur Brot und Spiele.« Die Leitung der Wirtschaft müsse auch künftig bei den Unternehmern bleiben, die schon dadurch, daß sie Unternehmer geworden seien, ihre höhere Rasse bewiesen hätten. Otto Strasser trat darauf mit einigen Freunden aus der Partei aus. Er gründete eine eigene Bewegung, die »Schwarze Front«, die zunächst keinen politischen Einfluß erlangte, aber wahrscheinlich heute in der SA einen stärkeren, wenn auch vorerst heimlichen Anhang finden dürfte.

Gregor Strasser dagegen blieb in der Partei. Den »Kampfverlag« löste Hitler auf, und damit war seine selbständige Position zunächst zerschlagen. Er blieb aber Leiter der »Politischen Organisation« (so genannt zum Unterschied von der SA) und vermochte in aller Stille bis 1932 sich abermals einen stattlichen Machtapparat aufzubauen. Das gelang ihm vor allem deshalb, weil Hitler, außer bei besonders dringlichen Anlässen, ziemlich lässig und schwer von Entschluß ist und nicht die Gabe besitzt, eine bedenkliche Entwicklung in seiner Partei scharf genug vorauszusehen und noch in den Anfängen zu bremsen. Das hat sich ja auch beim Röhmskandal gezeigt.

Gregor Strassers Sturz

1932 trat Strasser immer mehr in den Vordergrund. Er hielt im Mai dieses Jahres im Reichstag eine berühmt gewordene Rede, in der er sagte, fünfundneunzig Prozent des deutschen Volkes seien von einer antikapitalistischen Sehnsucht erfüllt – das Wort »sozialistisch« wagte er noch nicht zu gebrauchen. Immerhin war die

Stellung Hitlers ihm gegenüber stärker als früher, nicht nur durch die Auflösung des Kampfverlages, sondern auch durch das entschiedenere Hervortreten seiner persönlichen Freunde, wie (außer Goebbels) Göring und Röhm. Göring war 1927, krank an Leib und Seele und namentlich vom Morphium vergiftet, aus der schwedischen Emigration nach Deutschland zurückgekehrt und 1928 in den Reichstag gewählt worden. Er trat gewissermaßen als Hitlers politischer Gesandter in Berlin auf und hielt dort gute Freundschaft mit Goebbels gegen Strasser. Dieser wiederum hatte in vielen praktischen Fragen Frick auf seiner Seite.

Das zeigte sich, als im Herbst 1932 diese beiden Männer Verhandlungen mit dem damaligen Reichswehrminister und späteren Reichskanzler von Schleicher begannen, um die NSDAP aus ihrer damals sehr verfahrenen Situation herauszulotsen.

Strasser hatte sich allmählich von den ältesten Vorurteilen seiner Partei befreit. Treuer Antisemit blieb er, dagegen sah er nicht mehr in jedem Marxisten persönlich einen Sendling des Teufels. Sondern spekulierte auf eine Regierung, sei es unter seiner, sei es unter Hitlers, sei es auch unter Schleichers Führung, die keine bloße nationalsozialistische Parteiregierung mehr sein, vielmehr Teilnehmer aus allen Parteien, auch den Gewerkschaftsflügel der Sozialdemokratie umfassen sollte.

So wie in der ersten Jahreshälfte 1932 Röhm mit Schleicher verhandelte, so taten es im Spätherbst Strasser und Frick. Sie wollten im Bunde mit dem General Hitler dazu zwingen, daß er wenigstens ein Stück Macht annehme, wenn er schon die ganze nicht bekommen könne, da sonst die Partei zu zerfallen drohe. Frick ließ von diesem Spiel schließlich ab, als Göring und Goebbels, die Vabanque-Strategen, durch Hitler einen zu starken Druck auf ihn übten. Strasser dagegen gehorchte nicht, verhandelte mit Schleicher weiter, war bereit, als preußischer Ministerpräsident in sein Kabinett einzutreten, und verzichtete dafür sogar auf Ämter und Führerstellen in der NSDAP. Am 9. Dezember brach er mit Hitler; aber als er Minister werden sollte, war Schleicher schon im Fallen.

III.

Darauf zog Gregor Strasser sich aus der Politik zurück, wenigstens äußerlich. Er blieb Mitglied der NSDAP, und materiell ließ man ihn nicht fallen. Nach Hitlers Machtantritt wurde Strasser, der ehemalige Apotheker aus Landshut, Direktor bei einem chemischen Konzern, dem Schering-Kahlbaum-Konzern. Fabrizierte er Schnäpse oder Giftgase oder beides? Seine Beziehungen reichten natürlich noch immer in die NSDAP hinein, wenn auch nicht grade zu seinen Feinden Göring und Goebbels.

IV.

Dunkle Geschichten

Und nun ein Jahr vorwärts. Durch die Hilfe der Reaktion, mit dem Gelde der Schwerindustrie, und geschoben von den Junkern, ist Hitler vor dem Absturz gerettet und am 30. Januar 1933 in die Macht gehoben worden. Die rheinischen Großindustriellen, geführt von dem Bankier von Schröder und dem Generaldirektor Springorum, haben seine Schulden bezahlt. Sie haben ihn mit Papen ausgesöhnt und dieser wieder hat die Junker für ihn mobilisiert, die nun dem alten Hindenburg in den Ohren liegen, daß nur ein Kanzler Hitler den Großgrundbesitz, oder, wie man so schön volkstümlich sagte, die Landwirtschaft retten werde.

Dabei spielte das bereits erwähnte Material über das Gut Neudeck eine geheimnisvolle Rolle. Es ist sicher, daß Schleicher dieses Material besessen hat, aber sehr wahrscheinlich, daß auch Hitler schon damals es kannte. Heute kennt er es selbstverständlich, und dies ist einer der Schlüssel zur gegenwärtigen hohen deutschen Politik. Die Frage des 30. Januar 1933 – nicht die einzige, aber eine für die zu fassenden Entschlüsse sehr wesentliche – war es, in wessen Händen dieses Material gefährlicher war. Sicherlich war den Nazis alles zuzutrauen. Blieben sie länger in Opposition, so konnte ein Goebbels es eines Tages veröffentlichen.

Worum handelt es sich eigentlich? Man weiß heute offiziell, daß eine Steuerschiebung dabei ist, daß das Gut Neudeck auf den Namen des »Sohnes« Oskar von Hindenburg geschrieben wurde, damit nach dem Tode des Reichspräsidenten der Staat um die Erbschaftssteuer gebracht werde. Goebbels hat es im August 1933 als

Propagandaminister schonungslos in die Presse gegeben – wollte er andeuten, daß er nötigenfalls noch mehr ans Licht bringen könne?

Dann sind da die dunklen Geschichten um Dr. Gereke und seinen »Hindenburg-Ausschuß«. Im Frühjahr 1932, als der Präsidentschaftswahlkampf zwischen Hindenburg und Hitler tobte, haben beide Seiten natürlich kräftig die Kassen von Industrie und Hochfinanz angezapft. Hitler hat darüber natürlich keine Rechenschaft abgelegt; auf der andern Seite dagegen waren noch Begriffe von Verantwortung und kaufmännischer Buchführung vorhanden, und so kamen ein paar Dinge heraus, mit denen die Nazis den Dr. Gereke auf die Anklagebank und schließlich ins Gefängnis brachten. Ohne daß Gereke hier verteidigt werden soll, muß doch mit allem Nachdruck gesagt werden, daß es sich um Dinge handelt, die die nationalsozialistischen Führer selbst tausendmal begangen haben; der Kern der Beschuldigung war, daß Gereke eine offizielle Verbandzeitschrift, deren Erfolg praktisch sein Werk war, in seinen Privatbesitz gebracht habe. Wie steht es eigentlich mit dem Eher-Verlag, der den »Völkischen Beobachter« herausgibt?

Politisch ist in dem Gereke-Prozeß zweierlei herausgekommen. Es sind erstens von den Geldern, die der Hindenburg-Ausschuß sammelte, hohe Beträge für besondere politische Zwecke, sei es die Gründung einer Zeitung oder vielleicht auch einer sogenannten Hindenburgpartei zurückgeblieben. Zweitens sind Gelder von Personen gegeben worden, die heute zittern müßten, wenn ihr Name herauskäme. Vor allem nach einem Betrag von 480 000 Mark ist geforscht worden, dessen Herkunft nicht festzustellen war. Dr. Gereke hat sich geweigert, den Geber zu nennen. Man werde ihm, sagte er, diese Rücksichtnahme später noch einmal danken. Denn sonst hätte er berichten müssen, wie auf dem Umwege über den jüngeren Hindenburg dieselbe Industrie, die Hitler finanzierte, gleichzeitig auch seinen Gegner finanziert hat – Rückversicherung!

Die abgeblasene »Revolution«

Das Dritte Reich trug von Anfang an die kranke Erbmasse seiner Entstehungszeit in sich, die heute in großen Geschwüren aufbricht. Die tiefinnere Ziellosigkeit des Nationalsozialismus durchtränkt das ganze Wesen dieses Staates. Die nationalsozialistische Bewegung ist keineswegs der einheitliche Block ineinander geschmolzener Millionen, als der sie sich preisen läßt. Sie ist in Wirklichkeit nur eine Armee von Millionen Eigenbrötlern, die niemals in ihrer Partei auf einheitliche geistige Zielsetzung hin geschult worden sind. Man unterhalte sich nur einmal mit einem beliebigen Nationalsozialisten über die Ziele seiner Bewegung, und man wird erstaunt feststellen, daß fast jeder etwas anderes sagt. Fast jeder hat – sofern er sich überhaupt etwas denkt – seine eigene, höchst private Vorstellung von diesen Zielen, und jeder dieser Eigenbrötler glaubt, die Armee marschiere gerade auf sein privates Ziel zu. Daß dieser Marsch von Millionen Gläubigen in Millionen Enttäuschungen enden muß, ist klar.

Indem der Nationalsozialismus allen alles versprach, ist er groß geworden; indem er allen alle Versprechen bricht, wird er selbst zerbrechen. Den Anfang erleben wir heute.

So quollen im nationalsozialistischen Staat von Anfang Revolution und Reaktion, Sozialismus und Kapitalismus wüst durcheinander. Und kein Mann war so geeignet wie Hitler, diesen Mischmasch liebevoll zu pflegen und auf ihn noch als eine besonders feine Erfindung stolz zu sein.

Das liegt in seinem Charakter begründet. Hitler ist kein Mann des Entweder-Oder, sondern des Sowohl-Als-Auch, was praktisch meist auf ein Weder-Noch hinausläuft. Er wollte alles in seinem Staate beisammen haben: das Selbstgefühl des sozialistischen Arbeiters und die Initiative des Privatunternehmers; die zukunftsträchtige Kraft der Revolution und den bewährten reaktionären Kitt. Hitler benimmt sich wie jene junge Hausfrau, die bei einem Skatabend an den Spieltischen herumging und mit reizendem Lächeln sagte: »Aber hoffentlich gewinnen die Herren auch alle recht tüchtig!«

Es fehlt hier der Raum, um diese ganze Entwicklung im Einzelnen zu schildern. Das erste große Ereignis, das zeigte, wohin die Reise ging, war das Abblasen der »Nationalen Revolution« am 2. Juli 1933. Noch wenige Tage zuvor hatte Hitler erklärt, die Revolution sei keineswegs zu Ende, und Goebbels hatte sogar die »zweite Revolution« angekündigt. Dann aber geschah etwas Entscheidendes. Hitler wollte sich von seinem deutschnationalen Anhang befreien und den Wirtschaftsminister Hugenberg ausschiffen. Damit war aber Hindenburg nur unter der Bedingung einverstanden, daß Hitler den sogenannten revolutionären Kurs verlasse.

Der »Volkskanzler« war dazu bereit. Er verzichtete auf alle wirtschaftlich revolutionären Versprechungen, mit denen seine Unterführer eben noch die Massen gegen Hugenberg aufgewühlt hatten. Der Anfang Juli neuernannte nationalsozialistische Reichsernährungsminister Darré begann seine Amtstätigkeit damit, daß er ausdrücklich darauf verzichtete, den landwirtschaftlichen Zins auf zwei Prozent zu senken, wie er versprochen hatte; ebenso verzichtete er, was rein politisch vielleicht noch wichtiger war, auf die Zerschlagung des Großgrundbesitzes. In der gleichen Richtung lag es, wenn der neue Reichswirtschaftsminister Schmitt mit dem nationalsozialistischen Mitgliedsbuch in der Tasche sofort eine scharfe Rede gegen den Sozialismus und für das freie Unternehmertum hielt. Hitler selbst wetterte in drei großen Reden vom 2. bis zum 13. Juli gegen die »zweite Revolution« und gegen die gehirnlose Gleichschalterei und pries die Unternehmer, die erfahrenen Praktiker des Wirtschaftslebens – auch wenn sie nicht Nationalsozialisten seien.

Die »Herren im Hause«

Diesen Kurs setzte Hitler konsequent fort. Er gelangte auf den Gipfel in dem berüchtigten »Gesetz zur Ordnung der nationalen Arbeit«, das am 1. Mai 1934 in Kraft trat. Dieses Gesetz enthielt zwar ein paar schönklingende soziale Randbemerkungen, sein praktischer Inhalt aber war: es gibt keine Gewerkschaften mehr, es gibt keine Lohntarife mehr, es gibt keine frei gewählten Betriebsräte mehr. Der Unternehmer legt die Löhne und die Arbeitszeit einseitig fest, und wer dagegen meckert und nörgelt, riskiert das famose Ehrengericht, riskiert Verlust des Arbeitsplatzes.

Der soziale Skandal, den das Gesetz darstellte, führte zu einer Krise der nationalsozialistischen Sozialpolitik, die aber von der Unternehmerseite siegreich durchgestanden wurde. Eine große Anzahl von sogenannten Treuhändern der Arbeit trat zurück. Hitler ließ sich nicht beirren. In einer großen Rede vor der »Deutschen Arbeitsfront« am 10. Mai verkündete er endgültig und mit einer bis dahin sorgsam vermiedenen Offenheit, daß der Sozialismus nach seiner Ansicht nichts tauge; es müsse Unterschiede, auch in Entlohnung und Lebenshaltung geben, und wer etwas dagegen habe, zeige nur Gefühle des Neides.

Die Linie ist deutlich. Je mehr Hitler sich von seinen reaktionären Mitläufern befreit, desto entschiedener übernimmt er ihr Programm, desto unverhüllter wird er selbst zum Reaktionär.

Der Grund hierfür liegt in der Hilflosigkeit des Nationalsozialismus gegenüber allen wirtschaftlichen Fragen. Diese Hilflosigkeit wiederum erklärt sich aus dem völligen Fehlen einer wirtschaftlichen Theorie des Nationalsozialismus, ja aus dem Fehlen einer sozialen Theorie überhaupt. Das Einzige, was er auf diesem Gebiet besitzt, ist die Führerauslese nach rassischen Gesichtspunkten, was für einen zoologischen Garten ausreichen mag, für einen Staat aber das reine Blech ist. Hitler ist auf diesen Mangel an wirtschaftlicher Theorie in unbegreiflicher Naivität sogar noch stolz. Er merkt gar nicht, daß er damit bereits den Hals in die Schlinge des Kapitalismus legt – aber wahrscheinlich fühlt er sich grade in dieser Schlinge am wohlsten. Immer wieder spricht er vom Primat der Politik über die Wirtschaft, was tatsächlich nur bedeutet, daß er Politik treiben möchte, ohne sich um die Wirtschaft zu bekümmern. Er versteht nämlich nichts von ihr, es geht ihm wie vielen Leuten, die den lateinisch gedruckten Teil der Zeitungen nicht lesen möchten. Bei seiner berühmten Unterredung mit Papen in Köln, die seine Machtergreifung vorbereitete, fragte ihn der Bankier von Schröder, was nun eigentlich sein wirtschaftliches Programm sei. »Mein wirtschaftliches Programm?«, erwiderte er, »ja, dazu sind Sie doch da, meine Herren! Wir Nationalsozialisten wollen den Staat in Ordnung bringen; die Wirtschaft müssen Sie besorgen.«

Mit diesen Worten hat ein blutiger Dilettant von Anfang an das Steuer in die Hand der Kapitalisten gegeben. Gewiß hätte Hitler die Macht, ihnen das Steuer jederzeit abzunehmen, aber doch nur, um es in die Hand anderer Kapitalisten zu legen. Er kann heute Thyssen absetzen, aber er muß dann beispielsweise Krupp oder Otto Wolff oder einen vielleicht noch nicht ganz so ausgewachsenen Haifisch an seine Stelle setzen. Die Kapitalisten beherrscht er bis zu einem gewissen Grade, aber der Kapitalismus beherrscht ihn.

Eine Bewegung ohne Ziel

Der Mangel an theoretischer Klarheit ist aber wiederum im ganzen »Wesensgefüge« (um mit Alfred Rosenberg zu sprechen) des Nationalsozialismus begründet. Dieser stützt sich auf so viele Schichten mit so entgegengesetzten Interessen, daß eine ernsthafte programmatisch-theoretische Ausrichtung der Bewegung auf bestimmte Ziele sofort einen Abfall eines wesentlichen Teiles der Anhänger zur Folge haben müßte. Denn die Bewegung mag sich ihre Ziele suchen, wo sie will: sie kann nie alle zugleich damit befriedigen, sie muß immer einen Teil vor den Kopf stoßen. Darum spricht sie – äußerlich betrachtet – ihre Ziele nicht aus; tiefer gesehen aber hat sie überhaupt keine.

Denn ein Ziel ist natürlich nicht irgendein schöner Gedanke, den dieser oder jener mehr oder minder maßgebende Parteifunktionär – und wäre es Hitler selbst – in seinem edlen Haupte birgt. Sondern das Ziel bedeutet die Richtung, in die die Bewegung ihrer Natur nach drängt. Diese ist aber nicht zu erkennen, weil jeder Teil in eine andere Richtung drängt, ohne sich mit den anderen vorher verständigt zu haben. Man kann höchstens Vermutungen hegen, welche Richtung sich schließlich durchsetzen wird.

Da steht nun außer Zweifel, daß zuletzt die immer mehr proletarisch lebenden und fühlenden Massen den Sozialismus durchsetzen werden. Das aber ist nicht etwa (was manche deutsche Arbeiter bis zur jetzigen Ernüchterung eine Zeitlang geglaubt haben) mit Hilfe des Nationalsozialismus möglich, sondern nur durch seine Sprengung und Überwindung. Denn der Nationalsozialismus enthält dadurch, daß er sich heute notwendigerweise auf das Proletariat stützen muß, gewiß in sich ein sozialistisches Element. Aber er enthält es in gebundener Form, so wie in der Luft der Sauerstoff nicht rein und an sich, sondern nur in Verbindung mit ihm entgegengesetzten Stoffen vorhanden ist. So bindet und »entgiftet« der Nationalsozialismus den Sozialismus durch den Mischmasch. Erst wenn sich der proletarische Bestandteil aus dem Nationalsozialismus löst und sich seines sozialistischen Charakters bewußt wird, bricht die echte sozialistische Revolution der heutigen Gesellschaft an, die an die Stelle des jetzigen geplünderten Kapitalismus den wahren Sozialismus setzen wird.

Bis dahin herrscht eben der Nationalsozialismus oder eine andere Spielart des Faschismus, die sich wahrscheinlich, weil es einmal Mode geworden ist, ebenfalls Nationalsozialismus nennen wird. Eine solche Ablösung der einen Spielart durch die andere erleben wir ja gerade. Ihr erstes Symptom ist die Zerschlagung der SA, die nächste kleinere Etappe dürfte die Sistierung der protestantischen Kirchenbewegung, die nächste größere die Abtötung der Arbeitsfront sein. Und es ist der beste Beweis für die tiefe politische Charakterlosigkeit Hitlers, daß er alle diese Veränderungen überdauert, mit jener eisernen Ruhe, mit der nur ein Faschist Grundsätze preisgeben kann, an die er in Wirklichkeit nie geglaubt hat.

Der Nationalsozialismus herrscht – das heißt: die Charakterlosigkeit herrscht. Charakteristisch ist an ihm höchstens etwas Negatives. Da er seinem Wesen nach nicht die Ausprägung des sozialistischen Gedankens in seiner reinen Form sein kann, ist er notwendigerweise, aus der gesellschaftlichen Dynamik heraus, das Gegenteil: die Bindung, Hemmung und Unterdrückung des Sozialismus.

Das ist der Punkt, an dem wir heute stehen. Die Bindung, Hemmung und Unterdrückung des Sozialismus äußern sich bereits seit anderthalb Jahren im Mord am politischen Gegner; aus komplizierten Ursachen, die hier erklärt werden sollen, hat sie neuerdings auch die Form des Mordes am Kameraden angenommen.

Nun haben sich die Unternehmer ihre Stellung im heutigen Staat auch nicht ohne Opfer erkauft, und sie werden sogar sicherlich noch weitere bringen müssen. Sie sind zur Duldung einer wahnwitzigen Wirtschaftspolitik gezwungen worden, die nicht nur das Volksvermögen entsetzlich auszehrt, sondern auch den einzelnen Betrieb manchmal stark belastet – alles im Interesse der berühmten Arbeitsbeschaffung. Das Wort klingt sympathisch, die Sache ist, wenn man sie näher betrachtet, sehr zweifelhaft. Der Kanzler Hitler hat sich an seine alte Weisheit erinnert, daß die Arbeiter angeblich nur Brot und Spiele wollen. Also fühlte er sich verpflichtet, die proletarische Bestie zu füttern, damit sie ihn nicht fresse. Das ist der tiefste Sinn der »Arbeitsschlacht«.

Verlorene Arbeitsschlacht

Der Name konnte gar nicht besser erfunden werden. Zum Wesen einer Schlacht gehört es nämlich, daß unendliche Werte an Menschenleben und Sachwerten unnütz in die Luft gepulvert werden und daß der allenfalls mögliche Erfolg so sicher wie ein Lotteriegewinn ist. Auch Hitlers Arbeitsbeschaffung ist eine Vergeudung von Volksvermögen für unnütze und unwirtschaftliche Zwecke. Man unternimmt die volkswirtschaftlich überflüssigsten Arbeiten, wie Anlage von Autostraßen im Hochgebirge (eine Vergnügungsangelegenheit für wenige), und zwar grundsätzlich auf die teuerste und unrationellste Weise, nur um möglichst viele Muskeln in Bewegung zu setzen. Wirklicher Sozialismus würde eine gerechtere Verteilung der Arbeit und des vom ganzen Volke erarbeiteten Arbeitsprodukts ohne diese lächerliche Vergeudung von Arbeitskraft ermöglichen. Die Hebung der Kaufkraft und damit die Hebung der Wirtschaft ist ebenso möglich ohne diese Verschwendung von Arbeit und Material; sie wird uns in Zukunft einmal ebenso sinnlos vorkommen wie die Tänze eines indianischen Medizinmannes zur Herbeiführung von Regen.

Dabei werden die letzten volkswirtschaftlichen Reserven verpulvert. Es fehlt bereits an allem. Es fehlt an Geld, es fehlt an Devisen, es fehlt an Wolle, es fehlt an Gummi, es fehlt an Fett, es fehlt an Kartoffeln, demnächst fehlt es wahrscheinlich an Fleisch und Milch und nächstes Jahr an Brot. Schon werden Anzüge gehamstert; schon gibt es wieder die verdächtigen Ersatzstoffe mit so schönen Namen wie Vistra und Cabofa; Abfallgummi wird rationiert, die Hausfrauen werden ermahnt, jeden Span Metall, jedes Flickchen Stoff, ja jeden Fetzen Papier zu sammeln und abzuliefern, und schon ist für die gesamten Rohstoffe ein Reichskommissar eingesetzt worden wie beim Ausbruch des Weltkrieges.

Damals war der Reichskommissar der Vorbote jener herrlichen Zeit, in der man mit Fahrrädern auf Drahtspiralen statt auf Gummireifen fuhr, mit Holzsandalen durch die Straßen klapperte und pro Jahr einen Papieranzug auf Bezugsschein erwerben konnte. Von den Brotkarten nicht zu reden. Viele Leute meinen, heute fange in Deutschland die Kriegswirtschaft bereits vor dem Kriege an. Aber das stimmt nicht ganz. Die Arbeitsschlacht ist, wirtschaftlich gesehen, bereits ein richtiger Krieg, zu dessen Wesen es gehört, daß ungeheure Werte verschleudert werden, während das Volk darbt. Nur so ist es möglich, daß fast gleichzeitig Dr. Ley, der Führer der Deutschen Arbeitsfront, über »Hungerlöhne« der deutschen Arbeiter klagt, während Herr Krupp von Bohlen erklärt, daß nun endlich die Löhne gesenkt werden müßten, sonst gingen die Unternehmer zugrunde.

Und ohne viel Lärm, aber unaufhaltsam steigen die Preise.

Niemand glaubt mehr an die Zahlen über den angeblichen Rückgang der Arbeitslosigkeit. Jeder sieht in seiner Umgebung zu viele, die noch immer ohne Arbeit sind. Die aber welche erhalten, sind teilweise noch elender dran als zuvor. Die sogenannten Notstandsarbeiten müssen zu einem menschenwürdigen Lohn unter den härtesten Bedingungen in Wind und Wetter ausgeführt werden; wer aber gar ins Arbeitslager gerät oder als Landhelfer verschickt wird, fühlt sich oftmals wie in die Sklaverei verkauft. Längst sind die Zeiten vorbei, da diese Art von Arbeit mit einer gewissen Begeisterung angepackt wurde. Zu deutlich spürt heute der Einzelne an seiner Lebenshaltung, daß dieser Militarismus mit Schaufel und Hacke nicht aus dem Wirtschaftselend heraus führen kann.

Stimmungskrise

Keine Devisen mehr, keine Rohstoffe mehr, keine Anzüge, kein Fett und keine Kartoffeln mehr, demnächst vielleicht sogar Mangel an Brot: das ist das Ergebnis der Arbeitsschlacht. Es hatte schon seinen Grund, daß der Reichsbankpräsident Dr. Schacht in seiner Erklärung an die deutschen Auslandsgläubiger am 14. Juni erklärte, er sei nicht verantwortlich für die staatliche Wirtschaftspolitik.

Der Enthusiasmus des vorigen Sommers ist einer tiefen Mißstimmung gewichen. Das war so erschreckend, daß Dr. Goebbels sich sagte: Hier kann nur eine neue »Schlacht« helfen; wie man im Krieg ermüdete Mannschaften stürmen ließ, damit sie in Stimmung kamen. So verfiel er auf die »Miesmacherschlacht«. Sie war der bisher größte Fehlschlag des Regimes. Das stand schon vor ihrem Beginn für jeden Klarblickenden fest, aber der Ausgang hat alle Befürchtungen noch übertroffen. Denn genau am Ende der Schlacht kam die Schlächterei von Wiessee und Lichterfelde, und was seitdem an Gerüchten durch das Land läuft, übertrifft alles Frühere weit. Die Miesmacherschlacht war schon ihrem ganzen Gedanken nach ein Fehlgriff, der sich nur aus der Nervosität und Unsicherheit des Regimes erklären läßt. Es hat eben sein Ohr nicht mehr am Boden, hat den Kontakt mit der Stimmung der Massen verloren. Das deutsche Volk will heute weder Feste noch Schlachten, sondern normale Zustände und Brot.

Über allem aber lastet der unerträgliche Druck des Schweigenmüssens und Nichtwissens, der geknebelten Presse, der überwachten Briefe und Telefongespräche, der bespitzelten Wirtshausunterhaltungen und der kommandierten Begeisterungsausbrüche. Im tiefsten Grunde des Bewußtseins ein Erinnern, daß einem Teil der Volksgenossen noch viel Schlimmeres widerfuhr, daß es Konzentrationslager gibt, Erschießungen auf der Flucht und das Handbeil. Aber der Mensch ist ein Biest; von den Quälereien der Marxisten erfuhr man wenig und nahm sie weniger tragisch. Dagegen die Unzufriedenheit in den eigenen Angelegenheiten wurde größer und störender, und trotz aller Gefahren wird in der Eisenbahn schon wieder geschimpft.

Es gibt dabei ein ungeschriebenes Gesetz, daß Personen und Einrichtungen des Staates nicht erwähnt, sondern nur im Allgemeinen die Zustände beklagt werden. Außerdem galt bisher als Regel, daß bei aller Kritik Hitler ausgenommen blieb: der Führer weiß das nicht, er will das nicht, vielleicht auch: er kann das nicht. Aber auch das ändert sich, und je bereitwilliger man Hitler zubilligte, daß er nicht alles können könne, desto hartnäckiger drängt sich die Frage auf: wozu dann überhaupt …?

Papens Marburger Rede

Zum Sprecher dieser Mißstimmung machte sich bekanntlich der Vizekanzler von Papen in seiner Marburger Rede am 17. Juni. Sie war in vielen Einzelheiten ein heftiger Angriff auf Goebbels und seine verlogene Stimmungssängerei; darüber hinaus aber auf wesentliche Teile des Systems. Papen wurde übrigens von Göring sekundiert, der zur gleichen Zeit meinte, die Führer sollten nicht so sehr in großen Versammlungen brillieren, sondern ins Volk gehen – vermutlich mit allen Orden und Ehrenzeichen. Der dekorierteste

Mann des Dritten Reiches machte auch mit seinen Worten ernst und begab sich, ähnlich wie einst Harun al Raschid, in die Berliner Zentralmarkthalle, wo er in Sprechchören zu hören bekam, daß die Menschen Hunger hätten.

Papens Rede entsprang ihrem Inhalt nach einer Auffassung, die im Reichskabinett auch von Hitler geteilt wurde. Aber es ist immer das Schicksal dieses Vizekanzlers gewesen, daß er im Eifer, Hitlers Mundstück zu sein, übertrieb und danebengriff. Seine Rede führte zu einer Erschütterung des Kabinetts, was offenbar nicht beabsichtigt war. Hitler sagte ihm das auch, aber Papen konnte ihm etwas entgegenhalten: ein Glückwunschtelegramm Hindenburgs. Und nicht nur Hindenburgs, es regnete Glückwünsche aus allen Landesteilen, von Tausenden, denen Papen aus tiefster bedrängter Seele gesprochen hatte. Erst dieser Widerhall machte Papens Rede zu der großen Haupt- und Staatsaktion, die erst durch die Staatsaktion von Wiessee in den Schatten gestellt worden ist.

Goebbels fühlte sich getroffen und antwortete wütend mit der Aufforderung ans Volk, es möge doch solche Stänkerer davonjagen. Auch Göring und Frick und sogar Hitler selbst spürten die Herausforderung. Denn wenn im Dritten Reich ein neuer Kurs angekündigt werden soll, dann muß das Sache des Diktators und nicht des Vizediktators sein.

In Papens Rede fiel eine Stelle besonders auf: er warnte drohend vor einer zweiten Revolution. Das war für das Regime ein besonders empfindlicher Ton. Gerade hier konnten Hitler und Göring dem Außenseiter Papen am wenigsten eine Einmischung gestatten. Denn die zweite Revolution: das war das Problem der SA.

Röhms mißglückte Karriere

Dies ist eine besondere Entwicklung, die mit der allgemeinen Verschlechterung der Dinge im Dritten Reich nur mittelbar zu tun hat.

Es ist freilich klar, daß das ideologische Versagen und die materielle Dürftigkeit des Regimes auch auf die SA einen tiefen Eindruck machen. Denn diese SA war von Hause aus eine ziemlich proletarisch untermischte Truppe, ursprünglich sogar ein Gemisch aus Studenten, Angestellten und Lumpenproletariat. Nach dem Siege hatte Röhm im Massenwahn die SA, die Anfang 1933 erst 600 000 Mann zählte, ungeheuer vergrößert. Zuletzt waren es drei Millionen. Das war nun zum Teil bestes Proletariat; Arbeiter, die teilweise von ihren bisherigen Parteien enttäuscht waren, von Hitler nun Erfüllung erwarteten, aber immerhin doch Erfüllung ihrer alten sozialistischen Ideale. Ideale, die durch die Namensänderung in Nationalsozialismus ihren Gehalt nicht änderten.

Viele Proleten aber gingen bewußt zur Tarnung in die SA mit der festen Absicht, Kommunisten oder Sozialdemokraten zu bleiben und aus bisherigen Nazis Kommunisten oder Sozialdemokraten zu machen. Auch diese mögen anfangs durch die neue Gemeinschaft zum mindesten angeschmolzen sein. Aber auf die Dauer kehrte sich das Verhältnis von Wirkung und Gegenwirkung um: die Denkweise der SA nahm immer mehr sozialistischen Inhalt und häufig genug sozialistische Form an. Zahlreiche SA-Stürme sind ohne Beschönigung und Tarnung kommunistisch oder sozialdemokratisch. Man nennt sie scherzweise Beefsteaks; außen braun und innen rot. Es gibt einen Witz von den zwei SA-Männern, von denen der eine klagt, daß in seinem Sturm so viele Nazis seien. Darauf erwidert der andere: in unserem Sturm sind noch drei, aber die werden wir auch bald hinausgeekelt haben. Übrigens ist das mehr als ein Witz, denn die Truppe unterscheidet selbst zwischen SA-Leuten und Nazis; gibt es doch drei Millionen SA-Leute, aber noch keine zwei Millionen Parteimitglieder.

So wurde die SA ein Quell sozialer Unruhe, der den Herrschenden auf jeden Fall verdächtig sein mußte. So wurde Röhm, indem er sich naturgemäß zum Sprecher und Vertreter von Wünschen der SA machte, ohne tiefere Absicht zum Träger gewisser Stimmungen von unten. Dazu befähigten ihn übrigens auch seine eigene Herkunft und Laufbahn. Er war Sohn eines kleinen Beamten, und auch unter seinen Offizierskameraden hat er diesen Typus nicht verleugnet; als ausgesprochenes Frontschwein hatte er ohnedies eine eingepflanzte Abneigung gegen die höheren Stäbe. Die unerfüllten Hoffnungen auf sozialen Aufstieg machten unter der SA-Mannschaft vom Beginn des Dritten Reiches an böses Blut. Viele alte Kämpfer fanden sich nicht so versorgt wie sie hofften – z. T. aus eigener Schuld, denn es zeigte sich, daß sie zu einem anderen Beruf als dem des Landknechts nicht taugten. Der erschossene Peter von Heydebreck ist ein solcher Typ gewesen. Die im bürgerlichen Sinn brauchbaren »Märzgefallenen« waren schneller wieder auf den Füßen als sie und liefen ihnen oft den Rang ab.

Röhm mag sich wie ein rechter Soldatenvater vorgekommen sein, wenn er immer wieder dagegen murrte und zuweilen wetterte. Leider genierte er sich nicht, für sich selbst das Beste von der Suppe abzuschöpfen. Seine luxuriösen Stabsquartiere und die feinen Autos, die Hitler ihm und seinen Kameraden vorwarf, waren nur ein Teil seiner Sünden. Persönliche Bereicherung, Beschlagnahme von Villen politischer Gegner, Raubzüge auf mehr oder minder herrenlos gewordene Aktienpakete gehörten dazu.

Viel ärgerlicher als die soziale Vernachlässigung seiner Leute war für Röhm die mangelnde politische Anerkennung seines Amtes, seiner Person und seiner Truppe. Nach der »nationalen Revolution« wurde er nicht Reichsminister; schuld daran war die tief gewurzelte Abneigung Hindenburgs gegen den Lustknaben-Häuptling. Röhm mußte sich vorläufig mit dem Amt eines bayerischen Kabinettsmitglieds begnügen, was seiner tatsächlichen Machtfülle als oberster SA-Führer zweifellos nicht würdig war. Während des ganzen Sommers 1933 bestand darum sein öffentliches Auftreten hauptsächlich im Schimpfen.

Als Stabschef der SA muß Röhm neben Hitler vor allem für die Scheußlichkeiten seiner Truppe gegen wehrlose Marxisten und Juden verantwortlich gemacht werden. Nicht nur, daß er seine Leute nicht zügeln konnte. Er trägt bereits die Verantwortung für die Auswahl jener Schläger- und Schlächtertypen, denen die Gefangenen in die Hände gegeben wurden. Und dieser verkommenen

Führung hat Hitler Leben und Gesundheit von Hunderttausenden zum Spiel überlassen; von Hunderttausenden, denen sogar er bei aller politischen Feindschaft wenigstens keine ehrlose Gesinnung nachsagen kann! Es bleibt seine Schuld, daß sie mit diesen Tieren in einen Käfig gesperrt wurden. Was Hitler durch seine Duldung der jetzt von ihm selbst entlarvten zuchtlosen SA-Banden an unseren Kameraden gesündigt hat – gerade das soll ihm nicht vergessen werden. Uns tut jeder Schlag, der gegen sie geführt wurde, weher als der Mord an den sieben Mördern.

Göring gegen Röhm

Die Ausschreitungen der SA fanden namentlich in den Anfangsmonaten des Regimes überhaupt keinen Widerstand. Denn diese Bande war tatsächlich ein Staat im Staate, der sich nichts dreinreden ließ. Zu diesem Bewußtsein, Staat im Staate zu sein, war sie in der Zeit der Republik systematisch erzogen worden, und im Dritten Reich wollte sie es nicht mehr ablegen. Ihre Verwendung als Hilfspolizei durch Göring steigerte ihr Selbstbewußtsein ungeheuer.

Frühzeitig setzten darum Versuche auch von nationalsozialistischer Seite ein, die SA wieder in ihre Schranken zurückzuweisen. Hieran hat namentlich Göring zielbewußt gearbeitet, moralisch unterstützt von beifälligen »Stimmen aus dem Publikum«, wozu sich z. B. Fritz Thyssen, der Großindustrielle, gern gebrauchen ließ. Schon Anfang Mai 1933 verbot Göring seinen Polizeibeamten die Zugehörigkeit zur SA, übrigens auch zur SS und dem Stahlhelm. Heller Zorn darob bei Röhm und seinen gleichgestimmten Offizieren. Diesen Zorn suchte Hitler durch goldene Worte zu beschwichtigen; wie jenes, daß die SA-Leute die Garanten für den siegreichen Vollzug der nationalen Revolution sein und bleiben würden – ein Versprechen, an das Röhm seinen Führer dann fast in jeder Rede erinnerte. »Gewisse Leute müssen sich damit abfinden, daß die SA da ist und da bleiben wird« – das sagte er bereits am 6. August 1933 bei einer großen SA-Parade von 88 000 Mann auf dem Tempelhofer Feld.

So hat die SA tatsächlich in Deutschland ein vollkommen unbeaufsichtigtes Sonderdasein und ein Willkürregiment wie in Feindesland geführt. Vor allem galt dies von den alten Kämpfern, den Traditionseinheiten mit den niedrigen Nummern, der ersten halben Million. Die übrigen waren Rekruten, die zum Teil scheußlich gebimst wurden. Der militärische Drill der Truppe ist oft beschrieben worden und soll in seiner Bedeutung keineswegs unterschätzt werden. Infolge besonderer Umstände hat er aber nicht überall die Wirkung gehabt, die das Reichswehrministerium gewünscht hätte. Die alten SA-Leute besaßen übrigens durchweg Waffen; die jüngeren, die vielfach nicht Nationalsozialisten waren, wenigstens teilweise.

Im August 1933 warf Göring die SA aus der Hilfspolizei wieder hinaus und traf die ersten Vorbereitungen zum Ausbau seines Feldjägerkorps. Es wurde eine Truppe zur ausgesprochenen Überwachung und notfalls Niederwerfung der SA.

Himmler rückt auf

Eine ähnliche Aufgabe fiel immer deutlicher der SS zu. Vor der Machtergreifung galt sie als Truppe von besonderer Zuverlässigkeit; ihr Wahlspruch ist: »Unsere Ehre ist Treue.« Schon damals diente sie als Rückhalt gegen die schwer zu kontrollierenden SA-Haufen, war dabei jedoch ein ausgesprochenes Werkzeug des Stabschefs der SA. Denn der »Reichsführer« der SS war nach der Dienstvorschrift dem Stabschef der SA unterstellt.

Dies machte umso weniger Schwierigkeiten, als der Reichsführer Heinrich Himmler zum persönlichen Freundeskreise Röhms gehörte. Er war Mitglied von Röhms kleiner Privattruppe aus dem Jahre 1923, der Reichskriegsflagge, gewesen, in der sich anscheinend zahlreiche Gleichgesinnte zusammengefunden hatten. Später schloß er sich zeitweise Gregor Strasser an, schwenkte dann wieder zur militärischen Seite über und wurde durch seinen Freund Röhm Reichsführer der SS. Er ist der Typus des Werkzeugs, ein Mann, dessen Beschränktheit bis zu Wahnvorstellungen geht. Vielleicht nicht sehr brauchbar, aber zu vielem zu gebrauchen.

Auf unmittelbare Veranlassung Hitlers wurde Himmler seit Ende 1933 nach und nach zum Leiter der politischen Polizei in den deutschen Ländern ernannt. Wie die SS die politische Polizei innerhalb der NSDAP gewesen war. so übernahm sie in ihrer Spitze jetzt diese Aufgabe für den gesamten Staat. Erst spät akzeptierte Göring Himmler auch für Preußen. Doch kam dieses Zögern nicht, wie vielfach vermutet wurde, aus Angst vor einer Machtverminderung, sondern aus Bedenken gegen Himmlers sachliche Eignung. Tatsächlich ist Himmler durch die Beherrschung der politischen Polizei Göring keineswegs über den Kopf gewachsen, dafür aber der tatsächlichen Befehlsgewalt Röhms entzogen. Die SS, die solange Röhm gehorcht hatte, wurde zum Instrument Görings. In ähnlichen, kleineren Fällen hatte Röhm es gelegentlich zu Konflikten kommen lassen. So gab er im Herbst 1933 einen Erlaß heraus, in dem er erklärte: Polizeipräsidenten, die aus der SA hervorgegangen seien, hätten sich in erster Linie als SA-Leute zu betrachten, und zuerst dem Befehl des Stabschefs, dann erst denen ihres Ministerpräsidenten zu gehorchen.

Das waren nur die normalen Zustände in Adolf Hitlers Ordnungsstaat! Die außergewöhnlichen erleben wir seit dem 30. Juni.

V.

Der Stahlhelm

Zur Beseitigung dieser Spannungen wurde im Herbst 1933 ein letzter Versuch gemacht. Röhm wurde ins Reichskabinett als Minister ohne Portefeuille aufgenommen; der alte Hindenburg mußte seinen Widerstand aufgeben und die örtlichen SA-Führer wurden als Kommissare bei den Polizeibehörden eingesetzt. Sie durften fortan an Entscheidungen von politischer Bedeutung teilnehmen und auch aus eigener Initiative eingreifen. Der Friede schien also zunächst gesichert, und Hitler schrieb Ende Januar 1934 an Röhm den herzlichen Brief, den wir oben zitiert haben.

Aber Röhm war politisch viel zu ungeschickt, seine große Macht zu gebrauchen und seinen Erfolg auszunützen. Statt sich zu befestigen, verstrickte er sich in neue Kämpfe. Undurchdacht war schon die riesige Aufblähung der SA. Gerade weil dadurch viele dem Nationalsozialismus fremde Kräfte in die SA hineinkamen, setzte Röhm sich dem Verdacht aus, daß sein einziges Ziel die Vergrößerung seiner Macht, nicht aber der Aufbau eines homogenen Teils der nationalsozialistischen Bewegung sei.

In zwei Richtungen stieß Röhm zur Erweiterung seiner Macht übereifrig vor. Zunächst drangsalierte er unermüdlich den Stahlhelm. Zwar war dieser ihm bereits formell unterstellt; als sogenannte SA-Reserve I unter dem Befehl des Generals Reinhardt gehörten die alten Stahlhelmleute zum Verbande der SA und unterstanden dem Stabschef. Die jüngeren Stahlhelm-Einheiten wurden aufgelöst und in die SA überführt. Immerhin blieb der Kern-Stahlhelm auf diese Weise als geschlossene Körperschaft bestehen; und wenn er auch als Truppe nicht mehr viel bedeutete, so blieb er doch eine Kameradschaft unzufriedener Konservativer, sowohl Bürger wie Junker, die ihren starken politischen Einfluß üben. Die letzte selbständige Regung der Röhmschen SA ist eine Erklärung gewesen, in der sie die Auflösung auch dieses Restes von Stahlhelm forderte – zu einem Zeitpunkt, als Hitler bereits für den Stahlhelm Partei ergriffen und wohl auch schon den Tod Röhms beschlossen hatte.

Soweit hatte Röhm es durch seinen Eigensinn gebracht. Aber wirklich gefährlich wurde für ihn erst der Kampf, in den er sich mit der Reichswehr einließ. Er drehte sich um die Eingliederung eines Teils der SA in die Armee.

Röhms Kampf mit Blomberg

Deutschland arbeitet bekanntlich an dem Programm eines 300 000-Mann-Heeres. Man verstehe recht: ein Programm ist es nur noch für die diplomatischen Verhandlungen über die Zustimmung des Auslandes. Im Übrigen darf man sicher sein, daß diese 300 000 heute schon unter den Waffen stehen.

Für den nationalsozialistischen Staat verstand es sich von selbst, daß diese Ergänzung vor allem aus der SA genommen wurde. Die Reichswehrstellen gaben freilich in manchen Gegenden, z. B. in Ostpreußen, mit beleidigender Deutlichkeit den Stahlhelmern und sogar ehemaligen Reichsbannerleuten den Vorzug. Doch blieb die SA immer das Hauptbecken, aus dem die Reichswehr ihre Reserven holen sollte.

In welcher Form sollte nun die Eingliederung der SA in die Reichswehr erfolgen? Das war die Streitfrage. Sollten geschlossene SA-Einheiten unter ihren bisherigen Führern übernommen werden; sollten auf diese Weise die Sturmbannführer Leutnants und die Standartenführer Majore oder sogar Obersten werden? Man denke: die oft sehr jugendlichen Standartenhäuptlinge, vielleicht ehemalige Arbeiter, Portiers, Rennfahrer oder Briefträger als Obersten! Napoleon hat das durchgesetzt; Hitler setzte es gegenüber der Reichswehr nicht durch. Oder vielmehr, er wollte es gar nicht durchsetzen. Hier stehen wir an einem der verräterischen Punkte, an denen der Unterschied zwischen dem Revolutionär und dem Spießbürger aufleuchtet.

Die Reichswehr lehnte die Forderung Röhms glatt ab. Sie verlangte, daß die SA-Leute wie andere Rekruten einzeln kämen und nach ihrer Einstellung aufhörten, SA-Leute zu sein. Ende April trat Hitler auf die Seite des Reichswehrministers Blomberg. Bei dieser Gelegenheit kam es zu einem heftigen Wortwechsel zwischen Blomberg und Röhm, und dem Stabschef entfuhr dabei das bittere Wort: »Wahrhaftig, Herr Generaloberst, Ihr Vorgänger (gemeint war Schleicher) hatte mehr Verständnis für die SA als Sie.«

Kastrierung der SA

Dieser Zusammenstoß scheint der letzte Anlaß zu Röhms plötzlicher Beurlaubung gewesen zu sein. Aber die Entwicklung drängte ohnedies zu einer Lösung. Schon deshalb, weil die SA seit langem ein die Außenpolitik störender Faktor war. Bereits vor Jahr und Tag, am 17. Mai 1933 hatte Hitler in der ersten seiner sogenannten Friedensreden dem Auslande eine internationale Kontrolle über die SA für den Fall der Gegenseitigkeit angeboten. Das war vorläufig eine diplomatische Geste, denn die Verwirklichung des Angebots lag noch im weiten Felde. Wie aber, wenn die Gegenseite sich darauf einließ? Sie konnte es ja, denn sie hatte nichts zu verbergen. Röhm samt seiner militärisch gedrillten SA wäre das Opfer der Hitlerschen Diplomatie geworden.

Dem Auslande war aber ferner auch wohl bekannt, daß Röhm mit dem 300 000 Mann-Programm nicht zufrieden war; daß er die Bewaffnung von einer Million SA-Leute anstrebte. Deutschland hätte damit rein dem Mannschaftsstande nach ein Heer wie niemals in der Vergangenheit und wie keine andere Macht der Gegenwart besessen.

V.

Die Verwirklichung solcher Pläne erlaubte die internationale Lage Deutschlands überhaupt nicht. Zudem war sie nur möglich durch die erwähnte Auffüllung der SA mit im nationalsozialistischen Sinne unzuverlässigen Elementen. Es stand bei Hitler seit geraumer Zeit fest, daß die SA im bisherigen Umfange nicht mehr lange existieren würde. Ihr Juli-Urlaub, an sich eine nicht ungewöhnliche Maßnahme, sollte den Übergang zu einer Säuberung und Verkleinerung der Truppe bilden. Es war eine der Missionen von Hitlers merkwürdigem Sondergesandten, Herrn von Ribbentrop, den Vertragspartnern von Versailles die bevorstehende Auflösung der SA in ihrer bisherigen Gestalt mitzuteilen. Deutschland, so sagte Ribbentrop bei seinem Pariser Besuch am 18. Juni, würde Beweise für seine friedlichen Absichten liefern, die auch den Mißtrauischsten genügen würden.

Selbstverständlich blieben Röhm diese Absichten nicht unbekannt. Es kam Anfang Juni zu der heftigen fünfstündigen Aussprache zwischen ihm und Hitler, von der dieser in seiner Rechtfertigungsrede vor dem Reichstag berichtet hat. Röhm beschwerte sich sehr erbittert über die geplante Auflösung der SA; Hitler erwiderte, es handle sich nur um eine Verkleinerung. Zu einer Verständigung kam es nicht.

Röhm nimmt den Zylinder

Mit Hitler und Blomberg zerfallen, mußte Röhm zunächst einmal aus der Schußlinie. Am 7. Juni gab er bekannt, daß er auf Anraten seiner Ärzte für mehrere Wochen in Urlaub gehe. Sein Stellvertreter war der (später gleichfalls erschossene) Obergruppenführer von Kraußer, ein Mann, der zu Röhms Intimen in jeder Hinsicht gehörte, von dem aber auch erwähnt werden muß, daß er sein Adelsprädikat der höchsten bayerischen Tapferkeitsauszeichnung im Weltkrieg, dem Militär-Max-Joseph-Orden, verdankt. In dem letzten Erlaß, den Röhm an seine Truppe gerichtet hat, wies er auf den Juni-Urlaub hin, verkündete aber auch offenen Widerstand gegen die geplante Verkleinerung der SA:

»Ich erwarte, daß am 1. August die SA wieder voll ausgeruht und gekräftigt bereitsteht, um ihren ehrenvollen Aufgaben zu dienen, die Volk und Vaterland von ihr erwarten dürfen. Wenn Feinde der SA sich in der Hoffnung wiegen, die SA werde aus ihrem Urlaub nicht mehr oder nur zum Teil wieder einrücken, so wollen wir ihnen diese kurze Hoffnungsfreude lassen. Sie werden zu der Zeit und in der Form, in der es notwendig erscheint, darauf die gebührende Antwort erhalten. Die SA ist und bleibt das Schicksal Deutschlands.«

Das war in der Tat nicht mehr die Sprache eines Untergeordneten. Kein »Heil Hitler«, kein »Sieg Heil« auf den Führer, wie bei solchen Anlässen üblich, der Name Hitler wurde überhaupt nicht erwähnt. Der vorletzte Satz enthielt eine Anspielung darauf, daß man sich unter Umständen zur Wehr setzen werde: andererseits gewinnt man aus dem Dokument den Eindruck, daß konkrete Pläne damals noch nicht vorlagen. Nicht etwa deshalb, weil das Dokument sie selbstverständlich nicht erwähnte, sondern weil die ganze Sprache eine etwas planlose Ungewißheit verrät.

Der Urlaub Röhms begann mit einem Skandal, der ihm anscheinend die persönliche Gunst Hitlers endgültig verscherzte. Röhm begab sich mit seinem Stabe nach Heidelberg, quartierte sich dort in einem Hotel ein, und das Treiben der Gesellschaft in dem Hause war derart, daß die alte Universitätsstadt Kopf stand. Es wird behauptet, daß die Verkäufer von Schönheitsmitteln, von Puder und Parfüms in diesen Tagen besonders gute Geschäfte gemacht hätten. Im Hotel wurden Spiegel und andere Einrichtungsgegenstände zertrümmert. Als es zu toll wurde, begab sich eine Abordnung der schlagenden Verbindungen zu Röhm und erklärte ihm, wenn er nicht sofort mit seinem Anhang verschwinde, würden die Studenten ihn aus Heidelberg hinausprügeln. Das wirkte. Röhm und Gefolge reisten ab. Sie wußten nicht, daß sie während der ganzen Zeit von einem Beauftragten des badischen Innenministers beobachtet worden waren, der mit ihnen im gleichen Hotel wohnte.

V.

Zweite Revolution?

Was seitdem geschehen ist – darüber sind die Berichte unzuverlässig. Die unzuverlässigsten sind selbstverständlich die mit dem Kennwort »amtlich«. Und unter diesen wieder der große Rechenschaftsbericht Hitlers vor dem Reichstag am 13. Juli. Diese gequälte, wirre und unzusammenhängende Erzählung ist offensichtlich in der Eile und wider Willen abgefaßt worden. Ursprünglich sollte der Reichstag erst im August zusammentreten, aber der Wunsch der Gauleiter, vorgetragen auf der Flensburger Tagung am 5. Juli, veranlaßte die vorzeitige Einberufung.

Es ist gewiß nicht unmöglich, daß Röhm daran dachte, mit der SA auf die Straße zu gehen, und zwar unter Mißbrauch von Hitlers Namen. Wirkliche Beweise aber, Dokumente und Aktenstücke hat Hitler hierfür nicht vorgelegt. Die Behauptung, daß man Hitler habe festsetzen wollen, mag in irgendwelchen Redereien ihre Stütze haben; wer aber davon gesprochen haben soll, und woher Hitler es erfuhr, hat er ebenfalls nicht gesagt. Das gleiche gilt von dem angeblichen Mordplan gegen seine Person durch den Standartenführer Uhl. Wem hat Uhl »wenige Stunden vor seinem Tode« diesen Mordplan gestanden? Wer wußte außer ihm davon? War er von jemanden beauftragt, und von wem? Wer sind die Hintermänner, denen man die Beteiligung an diesem Mordplan zur Last legen kann? War es letzten Endes dieser Mordplan, der die Erschießung von 77 Menschen (dieses ist die von Hitler genannte Zahl, doch hat er den Tod einer nichtgenannten Zahl weiterer Personen zugegeben) veranlaßte und rechtfertigen sollte?

Es ist immer eine eigentümliche Sache mit solchen nicht zur Ausführung gekommenen Revolutionen, die dann den Anlaß zu revolutionsartigen Gegenmaßnahmen geben. Auch der Reichstagsbrand vom 27. Februar 1933 soll ja das Signal zu einer Revolution gewesen sein, die Göring dann niederschlug. Am 30. Juni stand angeblich der Aufstand der SA bevor; was aber eintraf, war ein von Hitler befohlener Massenmord in zur Stunde noch unbekanntem Ausmaße.

Der nicht ausgebrochene Kommunistenaufstand und die nicht ausgebrochene Röhm-Revolte haben jedesMal Hitler und Göring einen wunderbaren Vorwand geliefert, ihre Feinde verhaften und ermorden zu lassen.

Die Öffentlichkeit war auf die zweite Revolution nicht ganz unvorbereitet. Es war von ihr gesprochen worden – aber merkwürdigerweise nur von ihren Gegnern. Am 17. Juni hatte Herr von Papen sie in Marburg erwähnt und abgelehnt. Am 20. Juni sagte Göring vor dem preußischen Staatsrat: »Nicht an uns liegt es, festzustellen, ob eine zweite Revolution nötig ist. Wünscht der Führer die zweite Revolution, dann stehen wir, wenn er es wünscht, morgen wieder auf der Straße; wünscht er sie nicht, werden wir jeden unterdrücken, der gegen den Willen des Führers eine solche machen will.«

Eine ähnliche, noch deutlichere Warnung sprach Hitlers Stellvertreter Heß am 25. Juni über den Kölner Sender: »Revolutionen in Staaten mit komplizierten modernen Wirtschaften können nicht nach Vorbildern aus dem 18. Jahrhundert oder nach dem Muster der alljährlichen Revolutiönchen kleiner exotischer Republiken gemacht werden.«

Das letzte war eine gar nicht zu überhörende Anspielung auf Röhm, den bolivianischen Oberstleutnant. In der gleichen Rede aber trat Heß noch schützend vor die Männer, die ein paar Tage später zur moralischen Seuche der Nation erklärt wurden: »Es wird derjenige, der lange in der Bewegung des Führers zu stehen die Ehre hat, großzügig sein gegenüber menschlichen Eigenarten und Schwächen bei Führern des Nationalsozialismus, wenn sie Hand in Hand gehen mit großen Leistungen. Und er wird – das unterscheidet ihn ja gerade vom Kritikaster – mit den großen Leistungen die kleinen Schwächen verzeihen ... Ich bin weit entfernt von einem Vollkommenheitsstandpunkt für alle Nationalsozialisten.«

Diese Äußerung des intimsten Beraters von Hitler sollte nicht in Vergessenheit geraten. Noch fünf Tage vor dem Massenmord war Heß bereit, der »Pestbeule« alles zu verzeihen um ihrer Leistungen willen: Leistungen, die in Verdiensten um Hitler und seine Partei bestanden. Die Seuche, das moralische Gift, der Fäulnisherd: alles wäre verziehen worden, wenn nicht Neues dazwischengekommen wäre – wenn Hitler nicht plötzlich vor diesen Leuten persönlich Angst bekommen hätte.

Über den unmittelbaren Hergang der Ereignisse besitzen wir einige offizielle Berichte und verschiedene private Ergänzungen und Richtigstellungen, die im Anhange veröffentlicht werden. Ein vollkommen schlüssiges Bild läßt sich noch nicht gewinnen. Immerhin darf gesagt werden, daß die Zweifel an Hitlers persönlicher Beteiligung bei dem Straf-Feldzug nach Bad Wiessee nicht überzeugend sind. Inmitten seiner Leibwache wagte Hitler nicht viel bei diesem Unternehmen, zumal da es doch sehr unwahrscheinlich war, daß irgendjemand gegen ihn persönlich die Hand erheben würde. Zwar hat Goebbels in seiner Propaganda den persönlichen Mut Hitlers nach Kräften herausgestrichen, aber gerade diese Seite der amtlichen Berichterstattung ist eine Irreführung. Es war nichts dabei zu wagen; erst Goebbels hat ein Wagnis aus der Sache gemacht.

Heydrichs Nachrichten

Versuchen wir die Ereignisse zu rekonstruieren.

Aus dem Bericht Hitlers im Reichstag läßt sich erkennen, daß er, Göring und Himmler bis zum 30. Juni über die wahren Absichten ihrer Gegner keineswegs ein klares Bild hatten, und später ein falsches anfertigten, so muß man hinzufügen. Ihr Wissen kam aus zwei Quellen. Göring hatte die übliche polizeiliche Wissenschaft von Dislokationen der SA, von Urlaubsmaßnahmen und -aufschüben, von auffälligen Beförderungen usw. Ferner wurden die verschiedensten Personen, die teilweise mit der SA überhaupt nichts zu tun hatten, beobachtet und Zusammenhänge festgestellt oder auch nur vermutet. Eine zweite Quelle waren Mitteilungen, die teils aus dem Kreise der SA, teils aus dem Auslande kamen. Seine Spione innerhalb der SA hat Hitler teilweise selbst genannt: den heutigen Stabschef Lutze und den Reichsführer der SS Himmler; dazu kam Himmlers Stabschef, Kapitänleutnant a. D. Heydrich, ein Mann, dem besondere polizeiliche Fähigkeiten nachgesagt werden. Lutze ist mit Hitler und Goebbels persönlich befreundet.

Das Trio Lutze-Himmler-Heydrich trägt die Verantwortung für die Informationen, aus denen, gutgläubig oder nicht, das Bild von der bevorstehenden SA-Rebellion zusammengestückt wurde. Zugrunde gelegt wurde offenbar die Stimmungsmache für eine »zweite Revolution« zur »Befreiung Hitlers«, eine Stimmungsmache, deren Umfang nicht nachzuprüfen ist. Ihre geistigen Urheber waren offenbar der erschossene Stellvertreter Röhms, Hauptmann von Kraußer und der gleichfalls erschossene Gruppenführer Wilhelm Schmid, Leiter des Presseamtes der SA.

Das Attentat von Schorfheide

Wir müssen uns zunächst an den äußeren Hergang der Ereignisse halten, um ein Bild zu gewinnen.

Hitler befand sich am 29. Juni im Rheinland, zuerst in Essen, dann in Godesberg bei einem befreundeten Hotelier. Dort faßte er die letzten Entschlüsse. Was veranlaßte sie? Er selbst behauptet: besonders alarmierende Nachrichten. Es ist aber ohne Widerspruch auch behauptet worden, in Essen sei auf ihn ein Attentat versucht worden; ein »Arbeiter« habe auf ihn geschossen. Einer der ersten Berichte, die wir im Anhang veröffentlichen, erwähnt »planmäßig provozierte Zwischenfälle«. Erinnern wir uns nun einer Meldung, die einige Tage vorher durch die Presse ging: am 20. Juni soll in der Schorfheide das Auto des SS-Führers Himmler von sieben Kugeln durchbohrt und Himmler selbst verlegt worden sein. Das geschah bei der Überführung von Görings verstorbener Frau in die Gruft »Carinhall«, an der Hitler teilnahm. Galten die Schüsse ihm – falls sie überhaupt wirklich abgefeuert wurden? Wer terroristische Literatur kennt, weiß, daß die Hauptschwierigkeit bei solchen Attentaten nicht das Treffen des Objekts ist, wenn man es erst einmal vor sich hat, sondern das zu Schuß-Kommen, das oft monatelange Ausspähen der Gelegenheit, um das Opfer überhaupt vor die Mündung zu bekommen. Das war schon bei den russischen Machthabern schwer, trotz der ziemlich bürokratischen Regelmäßigkeit ihrer Lebensführung; wieviel schwieriger ist es bei den Machthabern des Faschismus, vollends gar bei Hitler mit seiner unberechenbaren Tageseinstellung. Die Schüsse können überhaupt nur von jemanden gekommen sein, der das Programm des Tages kannte. War das also schon das berühmte Attentat der SA? Dann ist es sonderbar, daß nach dem 30. Juni von diesem Beweismittel nie die Rede war. Oder waren es nicht eher Theaterschüsse aus einem Revolver, den die SS oder sonst eine zuständige Stelle selbst geladen hatte? Wollte man einen Coup landen, um Hitler zur Entscheidung zu drängen? Das sogenannte Attentat von der Schorfheide gibt, im Zusammenhang mit den Ereignissen vom 30. Juni, Rätsel auf, deren Lösung wahrscheinlich auch die Vorgänge des 30. Juni klarer sehen lassen würde.

Am 26. Juni schärfte Hitlers Adjutant Brückner einen älteren Erlaß aufs Neue ein, der das Werfen von Blumen nach dem Kanzler verbot – eine naheliegende Vorsichtsmaßregel gegen Attentate.

Der Flug nach München

Noch am 25. Juni war Hitler in Bayern gewesen und hatte dort den Bau der neuen Alpenstraße besichtigt. Am 29. war er in den westfälischen Arbeitslagern. Um Mitternacht zum 30. brachten ihm Arbeitsdienstmänner in Godesberg einen Fackelzug, der die Form eines riesigen Hakenkreuzes hatte. Eine Stunde später kamen, wie er angibt, die letzten Alarmmeldungen, und die letzten Entschlüsse wurden gefaßt. Um 2 Uhr fliegt er vom Flugplatz Hangelar bei Bonn ab. Bei ihm sind: Goebbels, Lutze, Dietrich (Reichspressechef) und seine Adjutanten Brückner, Schaub und Schreck. Gleichzeitig reist auf telegrafischen Befehl eine Anzahl von Gauleitern nach München. Um 4 Uhr landet Hitler auf dem Flugplatz

Oberwiesenfeld. Dort zeigt sich, daß eigentlich alles in Ordnung ist. Es ist sogar fraglich, ob überhaupt etwas in Unordnung gewesen ist. Der erste amtliche Bericht behauptete, die SA sei auf die Straße gerufen worden, Hitler selbst hat im Reichstag angegeben, daß sie nur auf Alarmstufe in den Quartieren lag – ist nun eine der beiden Behauptungen wahr oder vielleicht gar keine? Der Münchner Obergruppenführer Schneidhuber, zugleich Polizeipräsident, ist bereits ebenso wie der Pressechef Wilhelm Schmid vom Innenminister Adolf Wagner verhaftet worden – das spricht gerade nicht dafür, daß er eine Truppenmacht beisammenhatte und aktiven Widerstand plante. Hitler reißt Schneidhuber und Schmid, so sagt der Bericht, persönlich die Achselstücke herunter. Dann fährt er mit seiner SS-Leibstandarte nach Wiessee – zu Röhm. Es ist keine bloße Hand voll Menschen, die da losfährt, sondern ein langer Zug: sechs Personenwagen und drei Lastautos mit der Leibstandarte; auch ein Panzerwagen der Polizei ist darunter gewesen. Alles in allem mindestens 100 Mann.

Mit Panzerwagen nach Wiessee

In Hitlers Begleitung sind ein paar eigentümliche Figuren: die Münchner Stadträte Christian Weber und Emil Maurice. Sie gehören zu den ältesten Kämpfern der Bewegung. Maurice kann man den geistigen Vater der SA nennen. Er war der erste Schläger, der Mann der ganz direkten Aktion, der nachts mit ein paar Genossen durch die Münchner Straßen zog und sich Gegner, namentlich Juden, zum Verprügeln suchte. Weber ist eine ähnliche Erscheinung; als er einmal wegen Überfalls auf einen älteren und kränklichen jüdischen Kaufmann vor Gericht stand, verteidigte er sich: wenn er einen Juden sehe, werde er besinnungslos vor Wut, und darum beantragte er Unzurechnungsfähigkeit. Es sind zwei Bravi, wie Hitler sie sich nur wünschen kann zu dem Werk, das er vorhat.

Wiessee ist ein erst in den fetten Jahren bekannt gewordener Badeort am Tegernsee, eine halbe Autostunde von der österreichischen Grenze, eineinhalb von München und zwölf von Berlin entfernt. Röhm hat hier ein Landhaus; auf dem anderen Seeufer wohnt Hitlers Drucker und persönlicher Freund Adolf Müller, bei dem der Kanzler sich öfters aufhält. Beobachtungsposten?

Nach Wiessee hat Röhm für den 30. Juni, dessen Morgen soeben graut, eine Anzahl höherer SA-Führer zu einer Besprechung berufen. Gegen 7 Uhr dringt Hitler mit seiner Truppe in das Haus ein. Es ist unbewacht und unverteidigt, alles liegt in den Betten. Röhm wird aus dem Bett heraus verhaftet; von Heines behauptet der Bericht, und man muß ihm glauben, man habe ihn mit einem Geliebten zusammengefunden. Jetzt wird es grauenhaft. Hitler befiehlt, Heines auf der Stelle zu erledigen. Das ist die Stunde von Emil Maurice. Er hat eine alte Rechnung mit Heines, noch von längst vergangenen Zeiten her. Heines hat 1922 mit seinen Leuten vom Freikorps Roßbach die alten Münchner SA-Leute von ihren Posten verdrängt, und seitdem ist Haß. Heines wird, nur mit Hemd und mit Hose bekleidet, in ein Auto gebracht, ein paar Schüsse knallen und die »Säuberungsaktion« hat ihren ersten Toten. Röhm wird ins Gefängnis Stadelheim bei München überführt, wo er schon 1923 als Kampfgefährte Hitlers saß. Es gilt als Gnade, daß ihm ein Revolver hingelegt wird, damit er selbst auf Offiziersart ein Ende mache. Aber er weigert sich, weil er sich für unschuldig erklärt: »Wenn ich schuldig bin, soll Adolf mich selbst erschießen.« Zehn Minuten läßt man ihm Zeit; dann tritt das Exekutionskommando an und besorgt den Rest. Ein ähnliches Verhalten wird von Schneidhuber berichtet. Auf seinem Grab legten seine Söhne einen Kranz nieder; er wurde von der Polizei entfernt.

Nachdem es in Wiessee zu Ende ist, auch die nachträglich eintreffende Stabswache Röhms keine Schwierigkeiten gemacht hat, fährt Hitler nach München zurück, hält dort vor den herbeizitierten SA-Führern und Amtswaltern eine große Rede, setzt Lutze zum Nachfolger Röhms ein, fällt Todesurteile, diktiert seine 12 Punkte über die Neugestaltung der SA, fliegt nach Berlin zurück und kommt dort um 10 Uhr abends an.

Göring schlägt zu

Inzwischen hatten Göring in Berlin und Himmler im übrigen Reich zugeschlagen. Der Schlag gegen die Berliner SA traf vor allem den Gruppenführer Ernst, einen zweifellos üblen Burschen; im Übrigen aber fiel ihm ein Personenkreis zu Opfer, der mit der Aktion Röhms – welchen Charakter wir ihm auch immer zuschreiben wollen – direkt überhaupt nichts zu tun hatte.

Ernst wurde – ebenso wie andere Berliner SA-Führer und vielleicht auch andere Opfer – am 30. Juni in Lichterfelde in der ehemaligen Kadettenanstalt erschossen. Noch im letzten Augenblick beteuert er seine Unschuld und seine Treue zu Hitler. Er bat um sein Leben, und es ist glaubhaft, daß er mit einem »Heil Hitler« auf den Lippen gefallen ist.

Schwere Widersprüche

Von hier ab kommt man den Vorgängen nur noch durch Kritik und Analyse bei; erzählen läßt sich das widerspruchsvolle Material nicht mehr.

Röhm hatte seine Unterführer auf den Vormittag des 30. Juni nach Wiessee bestellt; am selben Nachmittag sollte angeblich seine Aktion steigen. Bei einer solchen Aktion aber gehören die Unterführer auf ihre Posten, nicht ins Hauptquartier – wenn man das Landhaus im bayerischen Oberland schon einmal so nennen will. Was auch immer in Wiessee beabsichtigt war – nach dem Beginn einer militärischen Aktion sieht es nicht aus – wenn man dem amtlichen Bericht glaubt.

Man überlege: in Schlesien, in Pommern, in Sachsen sollte angeblich die SA losschlagen. Und zur selben Stunde weilten der schlesische Obergruppenführer Heines, der pommersche Gruppenführer von Heydebreck und der sächsische Gruppenführer Hayn 16 Stunden entfernt in einem weltabgelegenen oberbayerischen Dorf. Diesen Unsinn hat Hitler ganz ernst in seiner Reichstagsrede vorgebracht; er erzählte, daß am Sonnabendnachmittag um 5 Uhr der Schlag der SA fallen sollte, und er berichtete, daß gleichzeitig die SA-Führer in Wiessee tagen wollten. Eine Unglaubwürdigkeit neben der andern.

Man kann aber freilich auch etwas Anderes glauben. Es ist behauptet worden, gar nicht Röhm habe die SA-Führer nach Wiessee beordert, sondern sie seien durch ein gefälschtes Telegramm dorthin gelockt worden. Das sähe in der Tat nach Heydrich aus. In der Tat: wenn man dem amtlichen Bericht über den 30. Juni nun einmal glauben soll, dann läßt sich die Reise der SA-Führer nach München kaum anders als durch eine Irreführung erklären.

Irgendjemand aus Hitlers Verschwörerkreis – so müßte man schon sagen – der die Gewohnheit und Methoden der SA-Führer und ihrer Stäbe gut kannte, müßte ihnen also eine fingierte Botschaft gesandt und sie damit nach Wiessee gelockt haben. So wäre gleichzeitig die Aktion vorerst abgebremst und die opponierende SA-Führerschaft fangbereit ins Netz zusammengelockt worden. Wer könnte diesen Teufelsdienst geleistet haben: Lutze, Heydrich?

Dies bleibt vorerst die einzige schlüssige Erklärung der Vorgänge – wenn man die Behauptung, daß ein Putsch geplant gewesen sei, überhaupt aufrechterhalten will. Es spricht aber so viel gegen die ganze Putschversion, daß auch diese Erklärung überflüssig und damit hinfällig wird. Übrig bleibt, daß in der Tat Hitler die höheren Führer sowohl der politischen (zivilen) Organisation der Partei als auch einige SA-Führer nach München bestellt und ihnen dort nach der Aushebung des Nestes in Wiessee eine Rede gehalten hat.

Ein weiterer Widerspruch: nach dem amtlichen Bericht soll an die Münchner SA die Parole ausgegeben worden sein: der Führer ist gegen uns – heraus auf die Straße! Nach Hitlers Reichstagsrede dagegen soll in Berlin die Aktion gestartet worden sein unter der Flagge: wir müssen den Führer befreien, die Aktion ist für Hitler. Es wäre also ein Putsch mit zwei entgegengesetzten Parolen gewesen. Das spricht zum mindesten nicht für planmäßige Vorbereitung.

Dritter Widerspruch: Röhm soll seine Unterführer nach Wiessee berufen haben, um mit ihnen Revolution zu machen. Ernst dagegen ist aus demselben Grunde gerade nicht nach Wiessee gefahren, sondern, wie Hitler behauptet, in Berlin geblieben – auch um Revolution zu machen. Mußten wir oben eine einheitliche Handlung mit zwei entgegengesetzten Zielen annehmen, so finden wir in dieser Version zwei gegensätzliche Handlungen mit angeblich demselben Ziel. Sehr glaubhaft.

Vierter Widerspruch: nach einer offiziösen Meldung ist der Berliner Gruppenführer Ernst in Bremen verhaftet worden, als er sich gerade einschiffen wollte. Angeblich soll er zusammen mit seiner jungen Frau eine Reise nach Madeira beabsichtigt haben. Lassen wir das letzte dahingestellt und nehmen wir an, daß Ernst nach dem Mißlingen des Putsches fliehen wollte. Er wäre aber der erste Flüchtling gewesen, der den Weg über einen deutschen Seehafen an Bord eines deutschen Schiffes, das staatsrechtlich noch immer deutscher Boden ist, gewählt hätte. Andere Flüchtlinge gehen über die trockene Grenze, denn auf einem deutschen Schiff wird man, zumal wenn man Gruppenführer von Berlin war, zu leicht erkannt, und der Verhaftsbefehl ist auf drahtlosem Wege in wenigen Minuten da.

Es ist durchaus nicht unwahrscheinlich, daß die SA eine politische Aktion vorgehabt hat. Aber die Angaben der Sieger darüber sind so widerspruchsvoll, daß man sehr zweifeln muß, ob die Aktion sich wirklich in der behaupteten gewaltsamen Form gegen Hitler richten sollte; vor allem aber, ob wirklich Gefahr im Verzuge war, die nur durch einen Massenmord aufgehalten werden konnte. Hiergegen spricht fast alles, und die undokumentierten Angaben Hitlers im Reichstage widerlegen die Widersprüche nicht.

So bleibt als wahrscheinlicher Rest nur übrig, daß die SA-Führer beraten wollten, wie sie in aller Loyalität ihre Wünsche bei Hitler vorbringen könnten. Daß damit tatsächlich auf Hitler ein Druck geübt und sogar die Reichsregierung umgestaltet werden sollte, braucht man nicht zu bezweifeln. Vorgänge dieser Art gehören in Staaten mit geordneten Verhältnissen zum Normalsten, was es gibt;

wenn sie scheitern, braucht niemand zu sterben. Aber in diesen Staaten gibt es freilich auch Parlament und Presse, in denen solche Forderungen vorgebracht und ohne Blutvergießen durchgefochten werden können. Der 30. Juni in Deutschland hat wieder einmal gezeigt, wozu die vielverlästerte »Schwatzbude« der Parlamente doch gut ist. Hätte Deutschland einen freien Reichstag – und dementsprechend natürlich keine SA – so hätte der Abgeordnete Röhm im Plenum seine Anträge stellen können; sie wären vielleicht abgelehnt worden, aber er wäre noch heute am Leben, und der deutsche Reichskanzler stände nicht im Ruf, ein Mörder seiner Kameraden zu sein.

Schleichers angebliches Komplott

Noch unglaubwürdiger wird die Sache aber, sobald der Kreis außerhalb der SA ins Spiel kommt.

Da ist das angebliche Komplott Röhm-Schleicher mit dem Ziele, Röhm zum Reichswehrminister und Schleicher zum Vizekanzler zu machen. Daß Röhm Reichswehrminister werden wollte, ist bekannt. Etwa zwei Wochen vor seinem Tode wurde er aus dem Nationalverband deutscher Offiziere ausgeschlossen – dieser Beschluß, auf den wohl das Reichswehrministerium nicht ohne Einfluß geblieben ist, sollte Röhms Pläne offenbar durchkreuzen. Wie überhaupt hinter der ganzen Aktion gegen die SA die Wünsche der Reichswehr und des Reichspräsidenten zu erkennen sind.

Was Schleicher betrifft, so ist bekannt, daß er im Freundeskreise über die Regierung Hitler die heftigsten Äußerungen getan hat: Lumpen und Verbrecher regierten Deutschland, die aber in sechs Monaten nicht mehr da sein würden. Wo und wem gegenüber sich nun Schleicher für seinen eigenen Eintritt in das Verbrecherkabinett und für die Ernennung Röhms zum Reichswehrminister ausgesprochen haben soll, darüber hat man nichts vernommen. Röhm sei mit ihm »in Verbindung getreten«, sagt Hitler; Gregor Strasser wurde »zugezogen«; die »außenpolitische Vorbereitung« der Aktion wurde dem Gruppenführer von Detten (ein Mann dieses Namens betreute in der Reichsleitung der NSDAP ein Amt »für konfessionellen Frieden« und nahm als katholischer Beauftragter der Partei an den Verhandlungen mit den Bischöfen über die Durchführung des Konkordats teil) übertragen – »vermutlich unter unwahren Vorwänden«, wie Hitler sich ausdrückte – das sind ja alles ungeheuer konkrete Angaben und höchst präzise Feststellungen, die ein Erschießen vollauf rechtfertigen!

Der Verbindungsmann zwischen Röhm und Schleicher soll Herr von Alvensleben gewesen sein. Wie weit hat dieser Zwischenträger die Verbindung zwischen den beiden tatsächlich zu knüpfen vermocht? Hitler nennt Alvensleben (nicht zu verwechseln mit dem Präsidenten des Herrenklubs) einen Hochstapler. Schön. Aber er selbst hat sich diesen Alvensleben im Jahre 1932 als politischen Nachrichtenüberbringer gefallen lassen; er meldete ihm z. B. im Auftrage Papens die Aufhebung des SA-Verbots. Und in der Nacht zum 30. Januar 1933 hat dieser Alvensleben durch seine Nachricht von einem beabsichtigten Staatsstreich Schleichers die stockenden Koalitionsverhandlungen zwischen Hitler, Hugenberg und Papen wieder in Fluß gebracht und ist dadurch sozusagen zum Vater der Regierung Hitler geworden.

Schleicher, General von Bredow, Röhm, Strasser, von Detten und Alvensleben sollen also als eine Gruppe gelten, deren Schuld einen besonderen Komplex bildet. Was sollen nun diese Leute, die »zugezogen« wurden, und zwar »vermutlich« unter diesen oder jenen Vorwänden, überhaupt getan haben? Was den Inhalt ihrer Tätigkeit betrifft, so wird ihnen überhaupt nur das eine nachgesagt, daß sie zusammen politische Pläne erörtert hätten; jedoch (außer bei Schleicher) wird weder über den Inhalt der Pläne etwas gesagt noch darüber, ob man sich überhaupt einig geworden ist. Ihr Verbrechen bestand also schlimmstenfalls in dem, was man bei anderen Parteien unerlaubte Fraktionsbildung nennt. In anderen Parteien wird man deswegen höchstens ausgeschlossen, bei den Nationalsozialisten abgeschossen.

Schleicher »fixierte und vertrat«, wie Hitler sich ausdrückt, die Auffassung, daß er selbst Vizekanzler und Röhm Reichswehrminister werden müsse. Nun ist das erstens kein Angriff auf die Staatssicherheit, sondern im Gegenteil ein Versuch zu ihrer Stärkung, wenn ein bisher als Gegner des Regimes bekannter Politiker von unzweifelhaftem Gewicht zum Eintritt in diese, nach allgemeiner Ansicht bedrohte und geschwächte Regierung bereit ist. Außerdem aber: was heißt »vertreten und fixieren«? Offenbar etwas ganz Anderes als »konspirieren«, nämlich offen gegenüber Dritten seiner Meinung Ausdruck geben. Konspirieren dagegen ist eine Sache der Heimlichkeit. Hitler behauptet nicht einmal, daß Röhm und Schleicher sich über diesen Plan geeinigt hätten; es habe sich vielmehr um einen »inneren Wunsch« Röhms gehandelt, über den dieser also offenbar nicht sprach und den Schleicher anscheinend erriet. Ganz unklar aber ist in Hitlers Darstellung, ob Schleicher auch von dem – angeblichen – geplanten bewaffneten Aufstand Röhms etwas gewußt haben soll; noch dürftiger sind seine Angaben über die angebliche Mitwirkung Gregor Strassers, von dem nur in einem einzigen Halbsatz gesagt wird, er sei »zugezogen« worden – dieses eine Wort ist die ganze Begründung für den Mord an dem einstmals neben Hitler angesehensten Führer des Nationalsozialismus.

Die »auswärtige Macht«

Aber halt – der Vorwurf der Konspiration mit einer auswärtigen Macht! Ziemlich deutlich, daß damit in erster Linie Frankreich gemeint ist, aber vielleicht nicht nur Frankreich. Worauf gründet sich der Vorwurf? Gewiß, General von Bredow, Schleichers ehemaliger Staatssekretär, war in Paris; das mag Hitler unangenehm sein und seinen Verdacht erwecken, aber es gibt ihm nicht das Recht, einen unbescholtenen Patrioten des Landesverrats zu beschuldigen und erschießen zu lassen. Einige der Genannten seien mit einem fremden Staatsmann – nehmen wir einmal an: mit dem französischen Botschafter – zusammengekommen, und zwar angeblich unter Vorsichtsmaßregeln. Sollten Schleicher oder Gregor Strasser wirklich so töricht gewesen sein, zu glauben, sie könnten in Berlin, und zwar gleich zu dritt, mit einem von der Gestapo so überwachten Manne wie dem Vertreter einer auswärtigen Macht unbemerkt zusammentreffen – sie, die doch selbst ständig unter Bewachung standen? Wenn die Zusammenkunft unter den behaupteten Umständen stattgefunden hat – die Tatsache einer Begegnung wird an sich nicht bestritten und gehört zu den in Berlin gesellschaftsüblichen Dingen – so kann sie unmöglich nach dem Muster des von Hitler erzählten Kriminalromans abgelaufen sein.

Aber selbst angenommen, es sei wirklich so zugegangen, wie Hitler behauptet – was ist daraus zu schließen? Hitler sagte:

»Wenn drei Hochverräter in Deutschland mit einem auswärtigen Staatsmann eine Zusammenkunft vereinbaren, die sie selbst als ›dienstlich‹ bezeichnen, und unter Fernhaltung des Personals durchführen und mir durch strengsten Befehl verheimlichen, dann lasse ich solche Männer totschießen, auch wenn es zutreffend sein sollte, daß bei einer vor mir so verborgenen Beratung nur über Witterung, alte Münzen und dergleichen gesprochen worden sein soll.«

Nach diesem Grundsatz hätten Hitler, Göring, Rosenberg und Prinz Philipp von Hessen von Brüning erschossen werden müssen. Denn diese Männer, von denen Hitler und Göring auch im juristischen Sinne Hochverräter waren, haben mit auswärtigen Staatsmännern und Vertretern Italiens, Ungarns und Englands Zusammenkünfte gehabt, von denen sie der damaligen Reichsregierung auch keine Mitteilung gemacht haben, sie haben ihnen ihre Pläne entwickelt und um gut Wetter für ihre Regierung gebeten.

Der wahre Grund

Die Erklärung Hitlers enthält übrigens ein bemerkenswertes Zugeständnis. Bisher wurde immer behauptet, daß Schleicher und seine Frau Elisabeth aus Versehen erschossen worden seien. Wir wissen, daß die Polizei eindrang, als der General mit seiner Frau und seiner Pflegetochter bei Tisch saß und daß Schleicher wie seine Frau vor den Augen des jungen Mädchens erschossen wurden. Angeblich deshalb, weil der General sich zur Wehr gesetzt habe. Jetzt gibt Hitler zu, daß es von vornherein seine Absicht war, Schleicher töten zu lassen, und die Geschichte von der Notwehr wird dadurch recht unwahrscheinlich.

Und auch hier gibt es mehr als nur einen schwer erklärbaren Widerspruch. In der Konferenz vor der ausländischen Presse, in der Göring über die Aktion berichtete, wurde gefragt, ob der Tod Schleichers und Röhms in einem politischen Zusammenhang stände. Darauf antwortete der Ministerialdirektor Jahnke von der Reichspressestelle: »Zwischen dem Tode Schleichers und Röhms besteht lediglich ein zeitlicher Zusammenhang« – also kein sachlicher. Entweder Jahnke oder Hitler muß die Unwahrheit gesagt haben; entweder die unvorbereitete Erklärung nach frischer Tat oder die sorgfältig präparierte nach vierzehn Tagen muß falsch sein.

Und aus all diesen Widersprüchen erhebt sich immer wieder die Frage, ob nicht doch ein Zusammenhang bestand; auch ein politischer, aber von ganz anderer Beschaffenheit – ob Schleicher und Röhm nicht einfach deswegen erschossen worden sind, weil sie beide zu viel wußten?

Göring verfolgt Papen

Diese Frage wiederholt und verstärkt sich, wenn wir uns dem dritten Komplex von Erschießungen zuwenden; jenen unglücklichen Opfern, deren Schuld Hitler kurz und summarisch »Brunnenvergiftung« genannt hat.

Dr. Erich Klausener, Gustav von Kahr, Dr. Edgar Jung, Dr. Walther Schotte, wohl auch Franz Beck und Dr. Morsbach scheint man unter die sogenannten »Brunnenvergifter« einreihen zu wollen; ebenso Oberregierungsrat von Bose, den Mitarbeiter Papens.

In seinem Bericht vor der Berliner Presse sagte Göring, er habe die ihm von Hitler gestellte Aufgabe »erweitert«, indem er auch gegen die eigentliche Reaktion einen Schlag führte. Der Schlag traf Papen und alles, was mit ihm zusammenhing.

Seit langem verfolgt Göring seinen Rivalen Franz von Papen mit heftigem Neide. Sie sind Rivalen um den Ruhm der größeren Bürgerlichkeit, um den Ruf, die Vertreter von Tradition, von konservativer Gesinnung, von Ruhe und Ordnung zu sein. Seit Beginn der Regierung Hitler stehen sie in scharfem Ämterwettbewerb. Göring hat im März 1933 Papen vom Posten des preußischen Ministerpräsidenten gedrängt, und zwar, mit Mitteln von einer Feinheit, die nur im Dritten Reiche möglich ist.

Er ließ die Sekretärin Papens überwachen und kam so dahinter, daß gewisse Papiere des Gegners bei einer Freundin dieser Sekretärin in einer Berliner Laubenkolonie versteckt waren. Dort entdeckte die Gestapo ein Tagebuch des Vizekanzlers mit sehr freimütigen Äußerungen über die Eigenschaften gewisser Kabinettskollegen und über Vorgänge innerhalb der Reichsregierung. Dies Tagebuch ist – so ist uns seinerzeit von einem maßgebenden Mitglied der Gestapo selbst berichtet worden – Hitler vorgelegt worden und soll diesen davon überzeugt haben, wie notwendig es sei, den Posten des preußischen Ministerpräsidenten mit einem unbedingt zuverlässigen Mann und nicht mit einem so unsicheren Kantonisten zu besetzen. Der zuverlässige Mann war Göring; der unsichere Kantonist, der weichen mußte, Papen. Seitdem hat Göring den Gegner nach Kräften schikaniert, hat ihn durch die Gestapo überwachen lassen und ihm mehrmals die Freude einer Haussuchung gemacht. Und jetzt hat er den vernichtenden Schlag gegen ihn geführt, indem er seine Mitarbeiter erschießen ließ.

Es ist übrigens behauptet worden, daß Papen seinem Tagebuch auch sein Wissen und seine Meinung über den Reichstagsbrand anvertraut habe.

Edgar Jungs Tod

Was die Persönlichkeit der einzelnen Erschossenen angeht, so war Dr. Edgar Jung der Verfasser der Marburger Rede Papens – jener weitaus kritischsten Rede, die seit dem 5. März in Deutschland gehalten worden ist. Jung, von Geburt Pfälzer, von Beruf Anwalt in München, hat ein paar politisch-philosophische Bücher geschrieben, die ihn dem politischen Standort nach etwa in die Nähe Alfred Rosenbergs rücken; doch hatte Jung mehr Niveau und Wissen, so anfechtbar sein Buch »Die Herrschaft der Minderwertigen« auch ist. Jung wurde bereits mehrere Tage vor der Mordaktion verhaftet; mit der Röhm-Revolte kann man ihn also beim besten Willen nicht in Zusammenhang bringen. Als er in seiner Berliner Wohnung abgeholt wurde, bat er, nochmals ins Badezimmer gehen zu dürfen; dort schrieb er mit Bleistift an die Wand »Gestapo« – das blieb seine letzte Spur bis zu der Meldung von seiner Erschießung.

Jung hatte eine interessante politische Vergangenheit. Er gehörte zu den Männern, die im Dezember 1923 den pfälzischen Separatistenführer Heinz-Orbis in Speyer erschossen. Heinz-Orbis hat sich einige Monate vor seinem Tode gerühmt, mit dem damaligen bayerischen Parteiführer Adolf Hitler in Verbindung zu stehen. Hitler hat diese Verbindung vor dem Frankenthaler Gericht abgeleugnet, allerdings ohne behaupten zu können, daß er Heinz-Orbis überhaupt nie gesehen habe. Wußte Jung mehr hierüber?

Warum starb Klausener?

Von besonderer politischer Bedeutung war die Ermordung Dr. Erich Klauseners, denn sie war, ebenso wie die zur Stunde noch nicht aufgeklärte Ermordung des Führers der »Deutschen Jugendkraft«, Alfred Probst, eine Herausforderung der katholischen Kirche, mit der Hitler gern zum Frieden kommen möchte. Schon die Rücksicht auf das stark katholische Saargebiet zwingt ihn zum Friedensschluß mit der Kirche – und nun beginnt er den Frieden mit der Ermordung zweier hervorragender katholischer Führer!

Eine besondere Verletzung des katholischen Empfindens war die Verbrennung von Klauseners Leiche ohne Wissen der Angehörigen. Die Verbrennung war offenbar notwendig, um die Spuren der furchtbaren Mißhandlungen zu beseitigen.

Dr. Erich Klausener war Staatsbeamter und Leiter der Katholischen Aktion in Berlin. Die katholische Aktion ist eine von Papst Pius XI. ins Leben gerufene Laienbewegung; ihr Ziel ist, das ganze Leben mit katholischem Geiste zu durchdringen. Sie vertritt also den Totalitätsanspruch der Kirche und bedeutet einen schroffen Widerspruch gegen die nationalsozialistische Forderung, daß die Kirche sich auf die Kanzel zu beschränken habe.

Unter dem sozialdemokratischen Minister Severing war Klausener jahrelang Leiter der Polizeiabteilung im preußischen Innenministerium gewesen. Unter Papen wurde er sogar Staatssekretär; Göring entfernte ihn zwar aus der Polizeiabteilung wie überhaupt aus dem Ministerium, doch blieb Klausener auch im Dritten Reich Beamter, wenn auch auf einem unpolitischen Posten im Reichsverkehrsministerium. Man sieht schon daraus, daß er kein Gegner des Dritten Reiches war; mit Severing hatte er immer ausgesprochen schlecht gestanden. Er war, seinem Minister zum Trotz, der starke Mann im Ministerium, regierte die Polizei, wie er wollte, setzte seine politischen Freunde auf die entscheidenden Posten und hatte seine Augen überall.

Und dies scheint ihm zum Verhängnis geworden zu sein.

Im Reichstagsbrandprozeß hat Göring über die schlechten Informationen des alten preußischen Innenministeriums gespöttelt; über ihn und überhaupt über die NSDAP habe man fast gar nichts gewußt, wovon er sich als Minister selbst überzeugt habe. Entweder hat Göring geflunkert, oder er ist selbst erfolgreich an der Nase herumgeführt worden. Wenn das preußische Material über die NSDAP ebenso wie das des Reichswehrministeriums nicht im vollen Umfange an die Öffentlichkeit gelangte, so hätte Klausener sagen können, warum. Denn er besaß es. Der Schreiber dieser Zeilen hat von dem Material selbst einen Teil gesehen. Was z. B. Göring selbst betrifft, so sind sowohl die Geschichte seiner Krankheit, seines Morphinismus, wie auch seine Geschäfte mit Flugzeugfabriken wohl bekannt gewesen und haben schließlich auch ihren Weg in die Öffentlichkeit gefunden. Sicher ist, daß das Material, das

Klausener besaß, heute noch auf dem Wege über Papen bei passender Gelegenheit an den Reichspräsidenten herangebracht werden könnte, wenn das nicht schon geschehen ist.

Rund heraus gesagt: Klausener besaß, ebenso wie Röhm und Schleicher, Material, das für Hitler und Göring peinlich war. Und diese wußten, daß er es besaß. Unter Severing hatte Klausener als Mitarbeiter den Ministerialrat Janich, der speziell die Nazis überwachen sollte. Dies tat er jedoch nicht mit genügendem Eifer, und aus diesem wie auch aus anderen Gründen bestand zwischen Klausener und Janich ein scharfer Gegensatz, der bis zur persönlichen Feindschaft ging. Ministerialrat Janich hat, offenbar alten Neigungen folgend, den Übergang ins Dritte Reich gefunden und ist heute bei Görings geheimer Staatspolizei.

Wenn Papen sich zu einer Aktion entschloß – und die Marburger Rede ist offenbar der Beginn einer solchen gewesen, dann war Erich Klausener einer seiner gefährlichsten Waffenlieferanten. Zu ihnen hat man offenbar auch Dr. Walther Schotte gerechnet, einen Papen nahestehenden Publizisten und Historiker. Er gab eine vielbeachtete, an Privatleute versandte Korrespondenz heraus, die »Deutschen Führerbriefe«, in denen manchmal etwas stand, was früher kaum aufgefallen wäre, heutzutage aber als Miesmacherei galt. Ungerecht wäre es gewesen, Dr. Schotte für den Verfasser der sogenannten Oberfohrenschen Denkschrift über den Reichstagsbrand zu halten, doch hat er den Verfasser sicherlich gekannt.

Hitlers Ohnmacht – Görings Triumph

Die Aktion gegen den Papenkreis enthüllt die ganze Zwiespältigkeit und Schwäche dieser Regierung Hitler. Göring beweist mit ihr eine Selbständigkeit, die nicht weit von Meuterei ist. Auf der einen Seite legt Hitler geradezu ein Bekenntnis zu Papen im Reichstag ab:

»Ich könnte nicht ohne zwingendsten Grund die Männer entfernen lassen, die am 30. Januar 1933 mit mir das Versprechen zur Rettung des Reiches und des Volkes gemeinsam abgegeben haben.

Es gibt Pflichten der Loyalität, die man nicht verleben darf und verleben soll.«

Zu diesen Pflichten dürfte es auch gehören, daß man nicht »ohne zwingendsten Grund« die Freunde der genannten Männer totschießt. Aber Göring tut es. Er läßt Papens Mitarbeiter ermorden, ihn selbst in seinem Hause festsetzen, verdrängt ihn praktisch aus dem Reichskabinett, und Hitler darf eine schöne Rede über Loyalität halten. Das Ganze zeigt die tiefe Verworfenheit und Verlogenheit dieses Systems. Röhm und Schleicher wollten angeblich Papen absetzen, und wurden erschossen. Göring läßt von Papen moralisch und beinahe physisch erschießen – und erhält Glückwunschtelegramme und neue Uniformen. Die einen schmiedeten angeblich Pläne zum Ungehorsam, und mußten es mit dem Leben büßen. Göring ist mit brutaler Offenheit ungehorsam, durchkreuzt eigenmächtig die Politik seines Führers und stellt ihn vor ganz Deutschland bloß, um seine Privatrache und seinen Privatehrgeiz zu befriedigen – und der »Führer« wagt nicht einmal eine Rüge.

Denn Göring mit seiner Polizei ist heute seine stärkste Stütze. Man sagt zwar: die Reichswehr, und denkt dabei, daß sie noch mehr als Stütze eine Fessel sein wird. Eben das macht Görings Stärke aus. Er hat die Polizei, nicht nur die Truppe, die notfalls Straßenschlachten liefern kann, sondern auch die mindestens ebenso wichtige geheime Polizei, die tatsächlich den Staat kontrolliert. Es kommen riskante Monate. Hitler wird bestimmt versuchen, wieder eine brauchbare SA aufzubauen, aber das braucht Zeit, und inzwischen sinkt die Stimmung und reißt die Wirtschaft weiter. Görings Gestapo und Himmlers SS sind für die nächste Zeit die einzigen Kräfte, auf die er sich wirklich stützen kann. Denn an die Reichswehr kann er sich niemals ausliefern. Er wird zufrieden sein, wenn die Reichswehr ihre bisherige unpolitische Linie beibehält, ist sie doch ohnedies durch Schleichers Ermordung brüskiert. Denn schließlich war er doch einer der ihren und galt immer noch als die Verkörperung von allem, was die Truppe an politischem Geist besaß.

V.

Gregor Strassers seltsamer Tod

Zu Görings eigenmächtiger Privatrache dürfte auch die Ermordung Gregor Strassers gehören. Hitler hatte die Absicht, sich mit Strasser wieder zu versöhnen. Einige Wochen vor der Mordaktion hatten die beiden eine Aussprache gehabt. Strasser hatte aber zur Bedingung seiner Mitarbeit gemacht, daß Göring entfernt werde. Darauf war Hitler noch nicht eingegangen – noch nicht. Vielleicht aber später? Wenn Strasser aus dem Wege geräumt wurde, war diese Gefahr für Göring beseitigt.

Zur Stunde übersehen wir immer noch nicht Zahl und Namen der Ermordeten. Sind es 100, sind es 250? Der Grund des Massenmords ist durch die widerspruchsvollen offiziellen Erklärungen eher verdunkelt als aufgehellt worden. Und immer wieder, wenn wir den Blick über die Mordliste hingehen lassen, von Schleicher bis zu Kahr, von Röhm zu Edgar Jung, dann will der Verdacht nicht zum Schweigen kommen, daß hier Mitwisser gefährlicher Geheimnisse gestorben sind.

Von einem der unbekannten Opfer muß noch besonders die Rede sein. Sein Tod kennzeichnet die ganze Bestialität der Vorgänge. Es handelt sich um den Musikkritiker der »Münchner Neuesten Nachrichten«, Dr. Willi Schmidt, einen ganz unpolitischen Mann. Er starb nur deshalb, weil er Willi Schmidt hieß. Man – welche Bestie steckt wohl hinter diesem »man«? – verwechselte ihn mit dem Gruppenführer Wilhelm Schmid. Und da der Führer schnelles Morden befohlen hatte, verlor Willi Schmidt sein Leben. Die »Münchner Neuesten Nachrichten« berichteten von einem »Unglücksfall« ihres Mitarbeiters, und irgendeine Bestie im Range eines Standartenführers hat sich vermutlich bei der Witwe des Gemordeten entschuldigt.

Das Rätsel Hindenburg

Und wo bleibt Hindenburg?

Er hat das Entsetzen der Welt, das den Mördern galt, nicht geteilt. Er hat ihnen Glückwunschtelegramme gesandt. Eine Frau wurde ermordet, ein 72jähriger Greis ist unter den Opfern – und sein einstiger Günstling Schleicher auch. Hindenburg hat gratuliert.

Altersschwäche? Mangelndes Begreifen?

Vielleicht auch. Vielleicht Furcht. Im Gereke-Prozeß geriet sein eigener Sohn ins Gedränge. Er schwor einen Eid – eine Zeugin schwor das Gegenteil. Woher stammten Gerekes Gelder?

Schleicher war längst nicht mehr sein Freund. Er hatte ihn schon verwünscht, als er noch nicht Kanzler, als er noch Intrigant hinter den Kulissen war.

Schleicher besaß das Material über Neudeck, das heute nur noch Hitler und Goebbels besitzen. Man hat behauptet, der alte Mann sei auf Neudeck Gefangener eines SS-Sturms. Überflüssig. Er ist Gefangener, auch ohne daß sich eine schwarze Schildmütze in seiner Nähe blicken läßt.

VI.

Ausblick

Am Tage nach dem Massenmord sagte Göring mit dummer Prahlerei: »Die andern haben von der zweiten Revolution geredet, wir haben sie gemacht.«

Das war beinahe eine tiefe Wahrheit, aber auch nur beinahe. Die andern haben nicht von der zweiten Revolution geredet, sondern man hat sie ihnen nachgeredet.

Gewiß: die SA-Führer waren unzufrieden und wünschten eine Nacht der langen Messer, die Hitler ihnen seit Jahren versprochen hatte. Von wem stammte doch das Wort: »Es werden Köpfe rollen«? Von Hitler. Und dieser Mann bekommt jetzt plötzlich feine Nerven und findet das Wort von der Nacht der langen Messer »grauenhaft«.

Aber über die Unzufriedenheit der SA-Führer hinaus ist nichts bewiesen oder auch nur glaubhaft gemacht. Die Revolte von Bad Wiessee aus, die geplante Besetzung der Regierungsgebäude in Berlin, das angebliche Komplott zwischen Röhm, Strasser und Schleicher unter dem Schuh einer fremden Macht – alles innerlich so unglaubwürdig, so unbewiesen und vor allem in sich so widerspruchsvoll, daß man den Schwindel auf den ersten Blick merkt. Eine Behauptung Hitlers hebt die andere auf.

Eins sieht der Dümmste: Wenn man Menschen etwas Schlechtes nachsagen und dabei vor ihrem Widerspruch bewahrt sein will, ist es das sicherste, sie vorher totzuschlagen.

Es mag ja in Deutschland noch einige Menschen geben – meistens sogenannte »Wirtschaftsführer« –, die mit den Morden zufrieden sind. Sehen diese Menschen nicht, daß beim nächsten Male sie selber drankommen werden? Wenn die Wirtschaftsnot weiter steigt und dann einige wohlmeinende Patrioten sich zusammentun, um Herrn Hitler Vorschläge zu machen, wie dem deutschen Volke geholfen werden könne – dann wird er mit Revolverkugeln antworten. Diesen Patrioten wird es ebenso gehen wie Schleicher oder Röhm. Und es wird ihnen recht geschehen. Erstens wegen ihrer jetzigen feigen Zufriedenheit mit dem vergossenen Blut, und zweitens wegen ihrer Dummheit.

Nicht Röhm und Schleicher haben ein Komplott gemacht, sondern Hitler, Göring, Goebbels, Himmler und Lutze. Sie haben sich zur Beseitigung unbequemer Mithelfer und Mitwisser verschworen. Das Stummmachen unbequemer Mitwisser ist immer noch die einleuchtendste Begründung für diese sonst unbegreiflichen Massenmorde.

Denn wenn man nach den rein politischen Gründen fragt, dann werden die Morde immer unverständlich bleiben. Gefährliche Gegner hätte Hitler auch hinter Schloß und Riegel setzen können. Wenn er schon vor der ganzen Welt den Ruf des Mörders auf sich nahm, dann mußten schwerwiegende Gründe vorliegen. Des deutschen Volkes »oberster Gerichtsherr« hat das Blut seiner Opfer über die Strafliste seiner eigenen Vergangenheit ausgegossen, um sie so unkenntlich zu machen.

Wer wagt es heute, nach den vom System selbst zugestandenen Morden, die grausigen Berichte aus den Konzentrationslagern noch für Gräuelmärchen zu erklären? Wie Klausener und Strasser zertrampelt und dann feige verbrannt wurden, so sind Tausende von Marxisten im Dunkeln von viehischen Banden gefoltert und abgeschlachtet worden.

77 Morde auf sein Geheiß hat der Mordkanzler zugestanden. Darüber hinaus hat er »eine Anzahl von Gewalttaten« zugegeben, die mit der Aktion angeblich in keinem Zusammenhang stünden. Was für eine erbärmliche Ausrede! Handelt es sich vielleicht um Taschendiebstähle oder Bankeinbrüche? Nein, um weitere Morde,

zu denen höchstens kein ausdrücklicher Befehl vorlag, die aber von den gleichen Leuten begangen wurden, die Röhm, Strasser, Klausener, Jung und Kahr abschlachteten. Und im Übrigen: Daß diese Morde tatsächlich nicht befohlen gewesen seien, glaubt dem Mordkanzler kein Mensch.

So haben die »Getreuen« gehaust, mit denen Hitler die »Verräter« niederschlug. Jetzt stellt er sich hin und heult Krokodilstränen über Röhm, Heines und Ernst, nennt sie »Verbrecher« und sagt, er habe das Volk von ihnen befreien müssen. Wie einer nur so heucheln kann! In Wirklichkeit hat er nur die eine Mörderbande durch die andere ersetzt, hat er Mörder durch Mörder ermorden lassen.

Und dann diese verlogene Tugendhaftigkeit, dieses einer höheren Tochter würdige Getue wegen der Laster und des Luxus der Ermordeten. Ja, sicher, diese Dinge stanken zum Himmel, aber Herr Hitler muß bisher einen gewaltigen Stockschnupfen gehabt haben, daß er nichts davon merkte! Und auf dem einen Nasenloch scheint er noch immer verstopft zu sein, sonst müßte ihm der ewige Weihrauch um Göring, den Mann mit den drei Schlössern und den tausend Uniformen, doch endlich ins Gehirn steigen. Hitler ist Millionär, Göring ist Millionär, Goebbels ist Millionär – aber wenn Röhm es auch werden möchte, wird er erschossen. Hitler wurde Millionär, indem er alle deutschen Schulen und Bibliotheken zwang, sein Buch »Mein Kampf« zu kaufen und den »Völkischen Beobachter« zu abonnieren. Göring war früher ein armer Teufel; wo nimmt er plötzlich die Mittel zu dem ungeheuren Aufwand her, vor dem Röhm und Ernst sich hätten verstecken können? Wie steht es um die Geschäfte mit den Bayerischen Motorenwerken?

Nein, Hitler hat kein Recht, sich plötzlich als Moral-Athlet aufzuspielen und Tote durch den Kot zu ziehen, solange er selbst, solange Göring und Goebbels noch in ihren Limousinen herumfahren, in ihren Schlössern wohnen und sich durch ihre Uniformen lächerlich machen.

Was war der große erschütternde Skandalfall der Republik? Ein Pelzmantel, den die Frau des Berliner Oberbürgermeisters Boeß ohne Wissen ihres Gatten bei den Gebrüdern Sklarek unter dem normalen Preis kaufte. Mit diesem Pelzmantel hat Goebbels seine ganze Propaganda gemacht, mit diesem Pelzmantel haben die Nazis die Republik gestürzt. Wie klein und unscheinbar wirkt dieses Skandalfällchen neben der Riesenkorruption der braunen Bonzen, die Hitler jetzt teilweise enthüllt hat. Und wie riesengroß mag erst die Korruption sein, die er lieber nicht enthüllt.

Das wird uns erst erzählt werden, wenn beim nächsten »Verrat« Goebbels oder Göring abgeknallt wird.

*

Das System ist an einer entscheidenden Stelle zerbrochen. Es beruhte den eigenen Anhängern gegenüber bisher auf der Massensuggestion. Jetzt muß es übergehen zum Massenmord.

Dieser Wandel hat einen tiefen Sinn. Eine Diktatur ohne dauernden Mord wäre unnatürlich gewesen. Die Menschen sind eben nicht die Puppen, als die Hitler sie behandelt. Auch der Nazi hat seine Ansichten und seine Wünsche, die man nicht aus ihm herausbrennen kann. Die Diktatur will aber alle gegenseitigen Überzeugungen ausrotten. Da indessen gewisse Überzeugungen untrennbar mit dem Menschen verbunden sind, ist die Diktatur notwendigerweise mit dem Mord verbunden.

Heute rächt sich an Hitler seine grenzenlose Oberflächlichkeit. In Deutschland vollzieht sich eine Revolution, die der Reaktionär Hitler künstlich und gewaltsam von ihrem Ziele fernhalten will. Diese Revolution ist seit 1914 im Gange, und der Ausbruch des Dritten Reiches ist in ihr nur eine Etappe. Eine Etappe, die vorübergehend hemmen mag, später aber beschleunigen wird. Das ganze revolutionäre Sehnen unserer Zeit sitzt tief auch in den Reihen der Nationalsozialisten; nur verstehen sie vorläufig ihre eigene Sehnsucht noch nicht.

Hitler trat der revolutionären Gesinnung der eigenen Leute bisher mit dem Opium der Rede entgegen, mit der schleichenden Vergiftung der Gehirne, mit den schmerzlosen Mitteln des Dummmachens. Inzwischen steigt die Welle und mit ihr die Gefahr für ihn. Heute hat er keine Zeit mehr zum Überreden und Hypnotisieren. Heute ist er angewiesen auf die Sekundenwirkung der Revolverkugel, auf die blitzschnelle Zerschmetterung der Gehirne, auf den verzweifelten Ausweg des Totmachens.

Aber weder Lüge noch Revolver können auf die Dauer die Sehnsucht nach Freiheit töten, die die Triebkraft aller revolutionären Epochen ist. Es wird auch Hitler nicht gelingen, die Revolution zu sterilisieren.

Die moderne Form der Freiheit ist der Sozialismus.

Jede Revolution, die nicht zur Freiheit führt, endet im Mord. Jede moderne Revolution, die nicht im Sozialismus endet, erstickt im Blut. Aber aus dem Blut steigen neue Revolutionen herauf – bis die ewige, grauenvolle Unruhe endlich zu Ruhe und Frieden kommt in der neuen sozialistischen Ordnung der Menschheit.

Anhang

Wir fügen hier die wichtigsten Dokumente über Vorgeschichte und Ablauf des 30. Juni an.

Die Reichspressestelle der NSDAP gibt bekannt:

Im Zusammenhang mit dem aufgedeckten Komplott wurden nachstehende SA-Führer erschossen:

Obergruppenführer August Schneidhuber, München;
Obergruppenführer Heines, Schlesien;
Gruppenführer Karl Ernst, Berlin;
Gruppenführer Wilhelm Schmid, München;
Gruppenführer Hayn, Sachsen;
Gruppenführer Hans Peter von Heydebreck, Pommern;
Standartenführer Hans Erwin Graf Spreti, München.

Dem ehemaligen Stabschef Röhm ist Gelegenheit gegeben worden, die Konsequenzen aus seinem verräterischen Handeln zu ziehen. Er tat das nicht und wurde daraufhin erschossen.

Schleichers Tod

Berlin, 1. Juli.

Der frühere Reichswehrminister General a. D. v. Schleicher widersetzte sich seiner Verhaftung durch Kriminalbeamte mit der Waffe. Durch den dabei erfolgten Kugelwechsel wurden er und seine dazwischentretende Frau tödlich verletzt.

Der angebliche Hergang

München, 30. Juni.

Die Reichspressestelle der NSDAP teilt mit:

Seit vielen Monaten wurde von einzelnen Elementen versucht, zwischen SA und Partei sowohl wie zwischen SA und Staat Keile zu treiben und Gegensätze zu erzeugen. Der Verdacht, daß diese Versuche einer beschränkten, bestimmt eingestellten Clique zuzuschreiben sind, wurde mehr und mehr bestätigt.

Stabschef Röhm, der vom Führer mit seltenem Vertrauen ausgestattet worden war, trat diesen Erscheinungen nicht nur nicht entgegen, sondern förderte sie unzweifelhaft.

Seine bekannte unglückliche Veranlagung führte allmählich zu so unerträglichen Belastungen, daß der Führer der Bewegung und oberste Führer der SA selbst in schwerste Gewissenskonflikte getrieben wurde. Stabschef Röhm trat ohne Wissen des Führers mit General Schleicher in Beziehungen. Er bediente sich dabei neben einem anderen SA-Führer einer von Adolf Hitler schärfstens abgelehnten, in Berlin bekannten obskuren Persönlichkeit.

Da diese Verhandlungen endlich – natürlich ebenfalls ohne Wissen des Führers – zu einer auswärtigen Macht bzw. deren Vertretung sich hinerstreckten, war sowohl vom Standpunkt der Partei wie auch vom Standpunkt des Staates ein Einschreiten nicht mehr zu umgehen.

Planmäßig provozierte Zwischenfälle führten dazu, daß der Führer heute Nacht um 2 Uhr, nach der Besichtigung von Arbeitslagern in Westfalen, von Bonn aus im Flugzeug nach München flog, um die sofortige Absetzung und Verhaftung der am schwersten belasteten Führer anzuordnen. Der Führer begab sich mit wenigen Begleitern persönlich nach Wiessee, um dort jeden Versuch eines Widerstandes im Keime zu ersticken.

Die Durchführung der Verhaftungen zeigte moralisch so traurige Bilder, daß jede Spur von Mitleid schwinden mußte. Einige dieser SA-Führer hatten sich Lustknaben mitgenommen. Einer wurde in der ekelhaftesten Situation aufgeschreckt und verhaftet. Der Führer gab den Befehl zur rücksichtslosen Ausrottung dieser Pestbeule. Er will in Zukunft nicht mehr dulden, daß Millionen anständiger Menschen durch einzelne krankhaft veranlagte Wesen belastet und kompromittiert werden.

Der Führer gab dem preußischen Ministerpräsidenten Göring den Befehl, in Berlin eine ähnliche Aktion durchzuführen und dort insbesondere die reaktionären Verbündeten dieses politischen Komplotts auszuheben.

Mittags 12 Uhr hielt der Führer vor den in München zusammengekommenen höheren SA-Führern eine Ansprache, in der er seine unerschütterliche Verbundenheit mit der SA betonte, zugleich jedoch den Entschluß verkündete, disziplinlose und ungehorsame Subjekte sowie asoziale oder krankhaft veranlagte Elemente von jetzt ab unbarmherzig auszurotten und zu vernichten. Er wies darauf hin, daß der Dienst der SA Ehrendienst sei, für den Zehntausende braver SA-Männer die schwersten Opfer gebracht hätten. Er erwarte von dem Führer jeder SA-Einheit, daß er sich dieser Opfer selber würdig erweise und seinem Vaterlande als Vorbild lebe.

Er wies darauf hin, daß er jahrelang Stabschef Röhm vor schwersten Angriffen gedeckt habe, daß aber die letzte Entwicklung ihn zwinge, über jedes persönliche Empfinden das Wohl der Bewegung und damit das des Staates zu stellen, und daß er vor allem jeden Versuch, in lächerlichen Zirkeln ehrgeiziger Naturen eine neue Umwälzung zu propagieren, im Keime ersticken und ausrotten werde.

Noch eine offizielle Schilderung

Ein Augenzeuge schildert:

»Sobald dem Führer durch die Ereignisse und die Nachrichten der letzten Tage über das gegen ihn und die Bewegung geschmiedete Komplott Gewißheit geworden war, faßte er den Entschluß, zu handeln und mit aller Schärfe durchzugreifen. Während er in Essen weilte und in den westdeutschen Gauen die Arbeitsdienstlager besichtigte, um nach außen den Eindruck absoluter Ruhe zu erwecken und die Verräter nicht zu warnen, wurde der Plan, eine gründliche Säuberung vorzunehmen, in allen Einzelheiten festgelegt. Der Führer persönlich leitete die Aktion und zögerte nicht einen Augenblick, selbst den Meuterern gegenüberzutreten und sie zur Rechenschaft zu ziehen.

Zum Chef des Stabes an Stelle Röhms wurde der Obergruppenführer Lutze ausersehen und zur Aktion hinzugezogen.

Trotzdem der Führer einige Tage lang fast ohne Nachtruhe gewesen war, befahl er um 2 Uhr nachts in Godesberg den Start vom Flugplatz Hangelar bei Bonn nach München.

Von unerhörter Entschlossenheit war die Haltung des Führers bei diesem nächtlichen Flug ins Ungewisse. Als der Führer mit seinen Begleitern gegen 4 Uhr morgens auf dem Münchener Flugplatz landete, erhielt er die Nachricht, daß die Münchener SA während der Nacht von ihrer obersten Führung alarmiert worden war unter der gemeinen und lügenhaften Parole: Der Führer ist gegen uns, die Reichswehr ist gegen uns, SA, heraus auf die Straße!

Der bayerische Innenminister Wagner hatte inzwischen aus eigenem Entschluß Obergruppenführer Schneidhuber und Gruppenführer Schmid den Befehl über die SA-Formationen entzogen und diese wieder nach Hause geschickt. Während der Führer vom Flugplatz in das Innenministerium fuhr, waren nur noch die letzten Reste der schmählich getäuschten und wieder abgezogenen SA-Formationen zu sehen. Im bayerischen Innenministerium wurden Schneidhuber und Schmid in Gegenwart des Führers verhaftet. Der Führer, der ihnen allein entgegentrat, riß ihnen selbst die Achselstücke von der SA-Uniform.

Mit wenigen Begleitern fuhr der Führer dann unverzüglich um 6.30 Uhr nach Bad Wiessee, wo sich Röhm aufhielt. In dem Landhaus, das Röhm bewohnte, verbrachte auch Heines die Nacht. Der Führer betrat mit seinen Begleitern das Haus. Röhm wurde in seinem Schlafzimmer vom Führer persönlich verhaftet. Röhm fügte sich wortlos und ohne Widerstand der Verhaftung.

In dem unmittelbar gegenüberliegenden Zimmer von Heines bot sich ein schamloses Bild. Heines lag mit einem homosexuellen Jüngling im Bett. Die widerliche Szene, die sich dann bei der Verhaftung von Heines und seines Genossen abspielte, ist nicht zu beschreiben. Sie wirft schlagartig ein Licht auf die Zustände in der Umgebung des bisherigen Stabschefs, deren Beseitigung dem entschlossenen, tapferen und unerschrockenen Handeln des Führers zu verdanken ist. Mit Röhm wurde auch der größte Teil seines Stabes verhaftet.

Die Stabswache Röhms, die zur Ablösung gegen 8 Uhr auf Lastwagen in Wiessee eintraf, fügte sich augenblicklich widerspruchslos den Worten des Führers und brachte spontan auf ihn ein dreifaches Heil aus.

Nach dem Abtransport der Verhafteten fuhr der Führer die Straße Wiessee–München zurück, um eine Reihe weiterer schwer belasteter SA-Führer, die unterwegs zu der befohlenen SA-Führer-Besprechung waren, auf der Straße zu verhaften.

Die Wagen wurden während der Fahrt angehalten und ihre Insassen, soweit sie als schuldig festgestellt wurden, von der Begleitung des Führers nach München überführt. Eine Reihe anderer an der Meuterei beteiligter SA-Führer wurde auf dem Hauptbahnhof in München aus den Zügen heraus in Haft genommen.

Nach München zurückgekehrt begab sich der Führer zu kurzer Unterrichtung zu Reichsstatthalter Ritter von Epp und dann in das Innenministerium, von wo aus die weitere Aktion abgewickelt wurde. Dann sprach der Führer vor den versammelten SA-Führern im Braunen Hause. Die Vermutung wurde zur Gewißheit, daß nur ein ganz verschwindend kleiner SA-Führerklüngel hinter diesen hochverräterischen Plänen stand, die Masse der SA-Führer und die gesamte SA aber wie ein Mann, wie ein geschlossener Block treu zum Führer steht.

Was der Führer in diesen Tagen für die SA und die Bewegung leistete, können nur diejenigen ermessen, die in der kurzen Zeit unerhörter Nervenanspannung und unglaublicher körperlicher Anstrengungen an seiner Seite standen. Wieder ist der Führer durch sein persönliches Beispiel der Bewegung ein leuchtendes Vorbild von Tatkraft und Treue gewesen. Die Früchte dieser Säuberungsaktion wird das geeinte deutsche Volk ernten.«

Görings Bericht

Berlin, 1. Juni.

In der Sonderkonferenz für die inländische Presse hielt Ministerpräsident Göring folgende Rede:

»Meine Herren! Seit Wochen und Monaten beobachten wir, in Sonderheit die verantwortlichen Dienststellen – das ist meine und die des Reichsführers der SS, Himmler –, beobachtet die Partei, daß ein Teil der Obersten SA-Führer sich von den Zielen der Bewegung und des Staates abgewandt haben und ihre eigenen Interessen, ihren eigenen Ehrgeiz und zum Teil auch ihre ungleiche Veranlagung in den Vordergrund stellten. Immer wieder kamen die Klagen aus dem Lande, daß diese SA-Führer brutal gegen die Bevölkerung auftraten. Die Klagen häuften sich, daß Dinge geschahen, die mit dem Rechtsbewußtsein des Volkes nicht mehr übereinstimmten. Die Klagen häuften sich, daß alle Beschwerden bei den obersten SA-Führern keinen Sinn hatten. Leider Gottes hat auch der Stabschef Röhm, ein alter Kämpfer, für den der Führer besonders leidenschaftlich und treu in schwerer Zeit eingetreten ist, infolge seiner unglücklichen Veranlagung sich auf ein Gebiet treiben lassen, das für ihn verhängnisvoll werden sollte. Vielleicht gerade durch seine Veranlagung umgab er sich in seinem ganzen Stab und den führenden Stellen der SA mit solchen Männern, die nun ihrerseits in ihm den Gedanken erweckten, daß er der starke Mann Deutschlands wäre. So kam es, daß von Seiten der Obersten SA-Führung Pläne geschmiedet wurden, um die Bewegung zu schädigen, den Staat zu stürzen und einen Staat aufzurichten, der dann ein Staat dieser kranken Individuen geworden wäre. Der Führer hat diese Gefahr genauestens verfolgt. Als klar und eindeutig bevorstand, daß die Oberste SA-Führung das Gerede von der zweiten Revolution zur Tat werden lassen wollte, mußte zugegriffen werden.

Der Führer hat selbst blitzartig eingegriffen. Er hat in München und Wiessee, wo der Stabschef sich befand, kurzen Prozeß gemacht. Vor Tagen hat er mir den Befehl gegeben, auf sein Stichwort hin zuzuschlagen und mir damit vollziehende Gewalt übertragen.

Die armen SA-Männer sind verführt worden. Sie wurden alarmiert und bewaffnet und wußten nicht, wozu. Man sagte: Gegen die Reaktion und marschierte gemeinsam mit ihr. Das war das Verwerfliche, daß die Oberste SA-Führung das Phantom einer zweiten Revolution gegen die Reaktion errichtete und selbst mit ihr eng verbunden war.

Der Hauptmittelsmann war der frühere Reichskanzler und General Schleicher, der die Verbindung knüpfte zwischen Röhm, einer ausländischen Macht und zu jenen ewig unzufriedenen gestrigen Gestalten. Ich habe meine Aufgabe erweitert, indem ich auch gegen diese Unzufriedenen einen Schlag führte. Es war selbstverständlich, daß General Schleicher verhaftet werden mußte. Er versuchte bei der Verhaftung einen blitzartigen Überfall zu machen auf die Leute, die ihn verhaften sollten. Er ist dabei ums Leben gekommen. Die Dinge sind nun so: Im ganzen Lande ist Ruhe. Einige rabiate Gesellen, die noch glaubten, die Parole der zweiten Revolution fortsetzen zu müssen, werden das schwer zu büßen haben. Die Gewalt, meine Herren, ruht fest in den Händen des Führers und in den Händen derer, denen er durch sein Vertrauen die Aufgabe übertragen hat. Die Aktionen haben sich reibungslos ohne Widerstand vollzogen, da die Führer schon vorher überall verhaftet waren. Der Prozeß der Säuberung wird nun rücksichtslos vorwärtsgetrieben. Der Führer wird nicht mehr länger dulden, daß in Staat und Bewegung Männer an der Spitze stehen, die durch unglückliche Veranlagung asoziale und amoralische Elemente geworden sind. Wir werden auch nicht dulden, daß von einer zweiten Revolution noch geschwätzt wird. Es wurde eine zweite Revolution vorbereitet, aber gemacht wurde sie durch uns gegen diejenigen, die sich verschworen haben. Die zweite Revolution hat dazu geführt, daß gerade die, die gegen den Staat revoltierten, Haupt und Leben lassen mußten. Sie sehen daraus, daß der Staat wohl manchmal zaudern kann, wohl manchmal warten kann, daß auch der Führer manchmal wartet und lange abwägt, daß er auch die Verdienste erwägt und versucht, die Leute auf den Pfad der Rechtschaffenheit zurückzuführen. Wenn aber das Reich in Gefahr ist, letzten Endes die Bewegung getroffen wird, wenn vor allem Treulosigkeit bei diesem Werk Pate gestanden hat, so wird rückhaltlos durchgegriffen.

Der Schlag hat sich gerichtet gegen die Meuterer, gegen alle unzufriedenen Kreise der Reaktion. Wir werden die SA reinigen von all den Elementen, die jetzt erst in die SA hineingekommen sind und dort Führerstellungen einnehmen. Wir haben gehandelt, damit der alte SA-Mann, d. h. der SA-Mann, der 1928, 1929 und 1930 die Dinge geschmissen hat, wieder zu Ehren kommt. Überall können Sie heute feststellen, daß diese Leute innerhalb der Bewegung am schlechtesten stehen, daß andere Führer geworden sind, die es nicht verdient haben. Wir werden gerade diese Säuberung durchführen, um der SA ihren alten und hervorragenden Ruf wieder zuteilwerden zu lassen.

Es ist bedauerlich und Sie werden verstehen, wie schwer für uns alle es gewesen ist, uns von einem Teil der Männer trennen zu müssen, die wir einst geschätzt und geachtet haben. Eins steht aber fest: der nationalsozialistische Staat steht über allem.

Wir werden diese Gelegenheit des Saubermachens nicht vorübergehenlassen, ohne nun einmal rückhaltlos und rücksichtslos die Dinge in Ordnung zu bringen, die in falsch verstandener Milde und Bescheidenheit vergessen worden sind. Aus dieser Aktion muß hervorgehen ein sauberer gefestigter Staat. Das Volk muß wissen, daß es uns ernst mit der These ist: Alles für das Volk!

Das Volk soll erkennen, daß ein sicheres und scharfes Gericht mit denen abgehalten wird, die sich an ihm versündigt haben und die ihre Macht mißbrauchten, um das Volk zu bedrücken.«

Kein Komplott Schleicher-Röhm

Auf eine Anfrage erklärte Ministerialdirektor Jahnke vom Reichspropagandaministerium, daß zwischen dem Tode Schleichers und Röhms nur ein zeitlicher Zusammenhang bestehe.

(Nichtamtlich.)

Ein Gegenbericht

(aus der »Deutschen Freiheit«, 8. Juli 1934.)

München, 3. Juli. (Dieser Bericht geht in 4 Ausfertigungen ins Ausland.) In unserem Häuserblock wohnt einer von der Stabswache des Röhmschen Landhauses, der in der Münchener Bartholomäusnacht Wache draußen hielt. Dem Mann gelang es im letzten Augenblick, seiner Verhaftung zu entgehen. Er hält sich bei Freunden verborgen, um morgen ins Ausland zu fliehen, denn er will nicht auch gezwungen werden, sich selbst zu erschießen.

Der unerwünschte Augenzeuge ist natürlich noch furchtbar verstört und wagt kaum, etwas zu sagen. Nach und nach hört man aber doch, daß das offizielle Heldenepos, das Goebbels, der in eingeweihten Kreisen nur noch als »Verräter« bezeichnet wird, am Rundfunk vortrug, sich in Wirklichkeit ganz anders abgespielt hat.

Als morgens die SS-Autos, 6 Offizierswagen und drei Lastkraftwagen mit schwerbewaffneten Mannschaften und natürlich auch mit Maschinengewehren eintrafen (Hitler hat er nicht gesehen), wurden sie mit den üblichen Dienst- und Ehrenerweisungen empfangen, denn es konnte keiner im Hause ahnen, daß überhaupt irgendeine Aktion im Gange war. Zu diesem Tag war eine der üblichen Gruppenführerbesprechungen angesagt worden – ganz offiziell –, denn zu einer Verschwörungssitzung wird man nicht am hellen Vormittag mehr als 60 Mann einladen. Der wachthabende Offizier hatte keine Alarmbereitschaft befohlen, es schlief alles noch. Seit 10 Uhr abends war auch kein Telefonanruf gewesen, der von den Vorgängen in München (dem Alarm der SA) irgendetwas berichtet hätte.

Im Gegenteil, Röhm hatte noch mit seinen Freunden einen kleinen Abendspaziergang gemacht und sich in der Nähe des Postens mit Heines und zwei weiteren höheren Führern über die morgige Versammlung unterhalten. Es ging daraus hervor, daß man an Hitler mit neuen Vorschlägen herantreten wollte, denn die Unzufriedenheit der SA war im Anwachsen begriffen. Wohlgemerkt, »Vorschläge«; von Waffengewalt war keine Rede. Ich hörte deutlich, wie Heines sagte: »Josef ist auch unserer Ansicht.« Was sich an Orgien abspielte in dieser Nacht, darüber konnte der Mann nichts Besonderes berichten.

»Die SS-Offiziere besetzten sofort sämtliche Räume, wir mußten das Haus verlassen. Während wir Röhm weder sahen noch hörten, schien sich Heines anscheinend zur Wehr zu setzen; der ihn verhaftende Standartenführer und er brüllten sich gegenseitig an, bis Heines bleich und nur mit Hemd und Hose bekleidet an uns, selbstverständlich gefesselt, vorbei in ein inzwischen eingetroffenes Panzerauto abgeführt wurde. Mehrere Schüsse fielen; ob damit jemand niedergeschossen wurde oder ob es Schreckschüsse waren, weiß ich nicht.«

Die Nacht-Wachmannschaft wurde dann auf einem Auto, das von SS-Leuten eskortiert war, ins Braune Haus in München gebracht. Durch den Wirrwarr, der dort herrschte, gelang es einigen, zu entfliehen, noch bevor sie wußten, ob auch sie die Opfer dieses Terroraktes werden sollten.

Die Münchener Zivilbevölkerung ist zwar äußerlich ganz ruhig, aber es schwirren so viel Gerüchte durch die Stadt, daß es schwer ist, die Wahrheit festzustellen. Wenn auch der »Völkische Beobachter« und die anderen gleichgeschalteten Blätter Begeisterungstelegramme für Hitler veröffentlichten, im Braunen Haus herrscht eine Panikstimmung, da sich niemand die wahren Beweggründe für das Ermorden der treuesten Kumpane erklären kann. Daß der »V. B.« ein Bild von Hitler bringt, am Fenster der Reichskanzlei, den Vorbeimarsch der Reichswehr abnehmend, an derselben Stelle, an der am 30. Januar 1933 stundenlang die SA vor ihm salutierte, wird als endgültiger Bruch des Vertrauens betrachtet.

Besonders auffallend ist, daß das Erschießen noch weitergeht, und daß man ein paar Unterführer abknallt, die zu viel wußten, ebenso wie Heines und Röhm. Jeder fürchtet den andern; »wer kommt morgen dran?«, das ist in allen Parteistellen die Frage.

Das Ende

dnb. *Berlin*, 2. Juli.

Amtlich wird mitgeteilt: Die Säuberungsaktion fand gestern Abend ihren Abschluß. Weitere Aktionen in dieser Richtung finden nicht mehr statt. Somit hat der gesamte Eingriff zur Wiederherstellung und Sicherung der Ordnung in Deutschland 24 Stunden gedauert. Im ganzen Reich herrscht völlige Ruhe und Ordnung. Das gesamte Volk steht in unerhörter Begeisterung hinter dem Führer.

Zustimmung der Reichswehr

Der Reichswehrminister Generaloberst von Blomberg hat folgenden Erlaß an die Wehrmacht gerichtet:

Berlin, 1. Juli.

An die Wehrmacht! Der Führer hat mit soldatischer Entschlossenheit und vorbildlichem Mut die Verräter und Meuterer selbst angegriffen und niedergeschmettert. Die Wehrmacht als Waffenträger des gesamten Volkes, fern von innerpolitischen Kämpfen, wird danken durch Hingebung und Treue. Das vom Führer geforderte gute Verhältnis zur neuen SA wird die Wehrmacht mit Freude pflegen im Bewußtsein der gemeinsamen Ideale. Der Alarmzustand ist überall aufgehoben.

gez. von Blomberg.

Hindenburgs Dank

dnb. *Berlin*, 2. Juli.

Amtlich wird mitgeteilt: Reichspräsident von Hindenburg hat heute aus Neudeck folgendes Telegramm an den Reichskanzler Adolf Hitler gesandt:

»Aus den mir erstatteten Berichten ersehe ich, daß Sie durch Ihr entschlossenes Zugreifen und die tapfere Einsetzung Ihrer eigenen Person alle hochverräterischen Umtriebe im Keime erstickt haben. Sie haben das deutsche Volk aus einer schweren Gefahr gerettet. Hierfür spreche ich Ihnen meinen tiefempfundenen Dank und meine aufrichtige Anerkennung aus. Mit besten Grüßen

(gez.) von Hindenburg.«

*

Ferner hat der Reichspräsident aus Neudeck an den preußischen Ministerpräsidenten General der Infanterie Hermann Göring folgendes Telegramm gerichtet:

»Für Ihr energisches und erfolgreiches Vorgehen bei der Niederschlagung des Hochverratsversuches spreche ich Ihnen meinen Dank und meine Anerkennung aus. Mit kameradschaftlichen Grüßen

(gez.) von Hindenburg.«

Hitlers zwölf Punkte

München, 30. Juni.

Adolf Hitler hat an den Chef des Stabes, Lutze, folgenden Befehl gegeben:

Wenn ich Sie heute zum Chef des Stabes der SA ernenne, dann erwarte ich, daß Sie sich hier eine Reihe von Aufgaben angelegen sein lassen, die ich Ihnen hiermit stelle:

1. Ich verlange vom SA-Führer, genauso wie vom SA-Mann blinden Gehorsam und unbedingte Disziplin.
2. Ich verlange, daß jeder SA-Führer wie jeder politische Führer sich dessen bewußt ist, daß sein Benehmen und seine Aufführung vorbildlich zu sein haben für seinen Verband, ja für unsere gesamte Gefolgschaft.
3. Ich verlange, daß SA-Führer genauso wie politische Führer, die sich in ihrem Benehmen in der Öffentlichkeit etwas zuschulden kommen lassen, unnachsichtig aus der Partei und der SA entfernt werden.
4. Ich verlange insbesondere vom SA-Führer, daß er ein Vorbild in der Einfachheit und nicht im Aufwand ist. Ich wünsche nicht, daß der SA-Führer kostbare Diners gibt oder an solchen teilnimmt. Man hat uns früher hierzu nicht eingeladen. Wir haben auch jetzt dort nichts zu suchen. Millionen unserer Volksgenossen fehlt auch heute noch das Notwendigste zum Leben. Sie sind nicht neidisch auf den, den das Glück mehr gesegnet hat.
   Aber es ist eines Nationalsozialisten unwürdig, den Abstand, der zwischen Not und Glück ungeheuer groß ist, noch besonders zu vergrößern.
   Ich verbiete insbesondere, daß Mittel der Partei, der SA oder überhaupt der Öffentlichkeit für Festgelage und dergleichen Verwendung finden. Es ist unverantwortlich, mit

den Geldern, die zum Teil sich aus den Groschen unserer ärmsten Mitbürger ergeben, Schlemmereien abzuhalten. Das luxuriöse Stabsquartier in Berlin, in dem, wie nunmehr festgestellt wurde, monatlich bis zu 30 000 RM Festessen ausgegeben wurden, ist sofort aufzulösen.

Ich untersage daher für alle Parteiinstanzen die Veranstaltung sogenannter Festessen und Diners aus irgendwelchen öffentlichen Mitteln und ich verbiete allen Partei- und SA-Führern die Teilnahme an solchen. Ausgenommen davon ist nur die Erfüllung der von Staats wegen notwendigen Verpflichtungen, für die in erster Linie der Herr Reichspräsident und dann noch der Herr Reichsaußenminister verantwortlich sind. Ich verbiete allen SA-Führern und allen Parteiführern im allgemeinen, sogenannte diplomatische Diners zu geben. Der SA-Führer hat keine Repräsentation zu üben, sondern seine Pflicht zu erfüllen.

5. Ich wünsche nicht, daß SA-Führer in kostbaren Limousinen oder Kabrioletts Dienstreisen unternehmen oder Dienstgelder für die Anschaffung derselben verwenden. Dasselbe gilt für die Leiter der politischen Organisationen.
6. SA-Führer oder politische Leiter, die sich vor aller Öffentlichkeit betrinken, sind unwürdig, Führer ihres Volkes zu sein. Das Verbot nörgelnder Kritik verpflichtet zu vorbildlicher eigener Haltung. Fehler können jederzeit verziehen werden, schlechte Aufführung nicht. SA-Führer, die sich daher vor den Augen der Öffentlichkeit unwürdig benehmen, randalieren oder gar Exzesse veranstalten, sind ohne Rücksicht sofort aus der SA zu entfernen. Ich mache die vorgesetzten Dienststellen verantwortlich dafür, daß durchgegriffen wird. Von den staatlichen Stellen erwarte ich, daß sie in solchen Fällen das Strafmaß höher bemessen als bei Nichtnationalsozialisten. Der nationalsozialistische Führer und insbesondere der SA-Führer soll im Volke eine gehobene Stellung haben. Er hat dadurch auch erhöhte Pflichten.

7. Ich erwarte von allen SA-Führern, daß sie mithelfen, die SA als reinliche und saubere Institution zu erhalten und zu festigen. Ich möchte insbesondere, daß jede Mutter ihren Sohn in SA, Partei und Hitler-Jugend geben kann, ohne Furcht, er könnte dort sittlich oder moralisch verdorben werden. Ich wünsche daher, daß alle SA-Führer peinlichst darüber wachen, daß Verfehlungen nach § 175 mit dem sofortigen Ausschluß des Schuldigen aus SA und Partei beantwortet werden. Ich will Männer als SA-Führer sehen und keine lächerlichen Affen.
8. Ich verlange von allen SA-Führern, daß sie meine Loyalität mit ihrer eigenen beantworten und durch ihre eigene unterstützen. Ich verlange von ihnen aber besonders, daß sie ihre Stärke auf dem Gebiet suchen, das ihnen gegeben ist, und nicht auf Gebieten, die anderen zukommen. Ich verlange von allen, vor allem von jedem SA-Führer, daß er in bedingungsloser Offenheit, Loyalität und Treue sein Benehmen gegenüber der Wehrmacht des Reiches einrichtet.
9. Ich verlange vom SA-Führer, daß er an Mut und Opfersinn von seinen Untergebenen nicht mehr fordert, als er selbst jederzeit einzusehen bereit ist. Ich verlange daher, daß er in seinem Benehmen und in der Behandlung des ihm von mir anvertrauten deutschen Volksgutes sich als ein wirklicher Führer, Freund und Kamerad erweist. Ich erwarte von ihm, daß er auch in seinem Verband die Tugenden höher einschätzt als die Zahl.
10. Und ich erwarte von Ihnen als Chef des Stabes, daß der alte treue Parteigenosse, der langjährige Kämpfer in der SA, nicht vergessen wird. Ich wünsche nicht die Aufblähung mit tausend unnötigen, aber kostspieligen Stäben, und ich will, daß man bei Beförderungen nicht so sehr vom abstrakten Wissen ausgeht als von der angeborenen Fähigkeit, Führer zu sein und von der langjährigen erprobten Treue und Opferwilligkeit. Ich habe in meiner SA einen ungeheuren Stamm treu-

ester und bravster Gefolgsmänner. Diese haben Deutschland erobert und nicht die gescheiten Spätlinge des Jahres 1933 und seitdem.

11. Ich will, daß der SA-Mann geistig und körperlich zum geschultesten Nationalsozialisten erzogen wird. Nur in der weltanschaulichen Verankerung in der Partei liegt die einzigartige Stärke dieser Organisation.
12. Ich will, daß in ihr der Gehorsam, die Treue und die Kameradschaft als durchgehende Prinzipien herrschen und so wie jeder Führer von seinen Männern Gehorsam fordert, so fordere ich von dem SA-Führer Achtung vor dem Gesetz und Gehorsam meinem Befehl.
gez. Adolf Hitler.

Liste der Toten

(nach einer privaten Zählung vom 13. Juli):

I. Amtlich bestätigt:

1. Ernst Röhm, Chef des Stabes der SA.
2. August Schneidhuber, SA-Obergruppenführer von Bayern.
3. Edmund Heines, Polizeipräsident von Breslau, SA-Obergruppenführer von Schlesien.
4. Karl Ernst, SA-Gruppenführer von Berlin-Brandenburg.
5. Wilhelm Schmid, SA-Gruppenführer Hochland.
6. Hans Peter von Heydebreck, SA-Gruppenführer von Pommern.
7. Wilhelm Hayn, SA-Gruppenführer von Sachsen.
8. Hans Erwin Graf Spreti, SA-Standartenführer.
9. Kurt von Schleicher, ehemaliger Reichskanzler.
10. Elisabeth von Schleicher, geborene von Hennings.
11. Dr. Erich Klausener, Ministerialdirektor, Vorsitzender der Katholischen Aktion.

12. von Bose, Oberregierungsrat beim Stellvertreter des Reichskanzlers.
13. Dr. Edgar Jung, Schriftsteller, Verfasser der Marburger Papen-Rede.
14. Dr. Walter Schotte, Schriftsteller.
15. Willi Schmidt, Musikkritiker der Münchner Neuesten Nachrichten.

II. Unwidersprochen:

16. Fritz Ritter von Kraußer, SA-Obergruppenführer beim Stab.
17. von Detten, SA-Gruppenführer.
18. Reiner, SA-Gruppenführer und Adjutant beim Chef des Stabes.
19. Gehrt, Fliegerhauptmann a. D., Ritter des Ordens Pour le Mérite.
20. Zehntner, ehemaliger Offizier, Gastwirt in München.
21. Dr. Alexander Glaser, Rechtsanwalt in München.
22. Dr. Fritz Beck, Leiter des Akademischen Austauschdienstes, München.
23. Dr. Morsbach, Leiter des Akademischen Austauschdienstes, Berlin.
24. Oberst von Bredow.
25. Major a. D. Pabst.
26. Gregor Strasser, Leiter der Reichsfachschaft der Deutschen Chemischen Industrie.
27. Werner von Alvensleben junior.
28. Scheringer, Leutnant a. D.
29. von Kessel, Polizei-Oberleutnant im Dienst der Gestapo.
30. von Kahr, ehemaliger bayerischer Ministerpräsident.

III. Zweifelhaft:

31. Graf du Moulin-Eckardt, SA-Gruppenführer.
32. 32. Koch, SA-Standartenführer in Koblenz.

33. Dr. Stadler, ehemaliger Generalbevollmächtigter des Hauses Ullstein.
34. Dr. Fritz Gerlich, ehemaliger Chefredakteur der Münchner Neuesten Nachrichten.
35. von Müldener, Major, ehemaliger Adjutant des Kronprinzen.
36. Luetgebrune, Rechtsanwalt, Mitglied der Obersten SA-Führung.
37. Hans Litzmann, SA-Sturmführer.
38. Engels, SA-Sturmführer, bis Mai 1934 Treuhänder der Arbeit Berlin Brandenburg.
39. Sander, SA-Stabsführer.
40. Sanders, SA-Sturmführer.
41. May, SA-Landesführer von Österreich.
42. Hoffmann, SA-Sturmführer.
43. Kunze, SA-Sturmführer.
44. Voß.
45. von Lossow, General und ehem. Wehrkreiskommandeur von Bayern,
46. von Seißer, ehemaliger Polizeipräsident von München.
47. Dr. Stützel, ehemaliger bayerischer Innenminister.
48. Dr. Förster, Rechtsanwalt in Hirschberg.
49. Dr. Zweig, Rechtsanwalt in Hirschberg.
50. Frau Dr. Zweig in Hirschberg.
51. Charig aus Hirschberg.
52. Schiftan aus Landeshut.

Liste der Geschonten

Dr. Otto Strasser erhebt in seiner Wochenschrift »Die deutsche Revolution« folgende Anklage:

»Wir klagen vor dem deutschen Volk und der Weltöffentlichkeit zunächst folgende Großwürdenträger des Hitlersystems der homosexuellen Veranlagung und Betätigung an:

Reichsminister Rudolf Heß, Stellvertreter des Führers und oberster Parteifunktionär.

Reichsjugendführer Baldur von Schirach, dem nicht nur die gesamte Hitlerjugend, sondern nunmehr auch die konfessionelle und bündische Jugend ausgeliefert ist.

Reichsstatthalter Karl Kaufmann, im Rang eines Reichsministers, zugleich Gauführer von Hamburg.

Oberpräsident Hellmuth Brückner, Oberpräsident von Schlesien, zugleich Gauleiter.

Oberleutnant Brückner, persönlicher Adjutant Hitlers und SS-Führer.

Als Zeugen für unsere Behauptung, die wir jederzeit vor Gericht zu beeiden willens und in der Lage sind, nennen wir (da mit Hauptmann Röhm und Gregor Strasser leider die beiden Hauptzeugen rechtzeitig beiseite geschafft wurden) Minister Dr. Frick, Oberpräsident Erich Koch, General von Heinemann (früherer Vorsitzender des USchlA), Major Buch (jetziger Vorsitzender des USchlA), Frau Minister Heß, Ministerpräsident von Killinger u. a., auf deren direkter Aussage (neben der persönlichen Einsicht in geheime Partei-Akten) unsere Anschuldigung basiert.«

Mord an Unschuldigen

»Ich halte mich für verpflichtet, zu betonen, daß nicht alle, welche Strafe traf, mit der uns widerlichen krankhaften Veranlagung behaftet waren. Ich glaube auch, daß der eine oder andere nur in tragischer Verkettung von Umständen schuldig wurde. In den Stunden, da es um Sein oder Nichtsein des deutschen Volkes ging, durfte über die Größe der Schuld des Einzelnen nicht gerichtet werden. Bei aller Härte hat es einen tiefen Sinn, wenn bisher Meutereien bei Soldaten dadurch gesühnt wurden, daß jeden zehnten Mann, ohne die geringste Frage nach schuldig oder nicht schuldig, die Kugel traf.«

Rudolf Heß in Königsberg, 8. Juli.

*

»Wenn mir jemand den Vorwurf entgegenhält, weshalb wir nicht die ordentlichen Gerichte zur Aburteilung herangezogen hätten, dann kann ich nur sagen: In dieser Stunde war ich verantwortlich für das Schicksal der deutschen Nation und damit des deutschen Volkes oberster Gerichtsherr! Meuternde Divisionen hat man zu allen Zeiten durch Dezimierung wieder zur Ordnung gerufen. Ich habe nicht zu untersuchen, ob und wem von diesen Verschwörern, Hetzern, Destrukteuren und Brunnenvergiftern der deutschen öffentlichen Meinung und im weiteren Sinne der Weltmeinung ein zu hartes Los zugefügt wurde, sondern nur darüber, daß das Los Deutschlands getragen werden kann.«

Adolf Hitler vor dem Reichstag, 13. Juli.

Aus Papens Marburger Rede

17. Juni 1934.

Die Vorherrschaft einer einzigen Partei an Stelle des mit Recht verschwundenen Mehrparteiensystems erscheint mir geschichtlich als Übergangszustand, der nur so lange Berechtigung hat, als es die Sicherung des Umbruchs verlangt und die personelle Auslese in Funktion tritt. Denn die Logik der antiliberalen Entwicklung verlangt das Prinzip einer organischen politischen Willensbildung, die auf Freiwilligkeit aller Volksteile beruht.

*

Es hat keinen Zweck, vor sich selber zu verbergen, daß eine gewisse Kluft zwischen dem geistigen Wollen und der täglichen Praxis der deutschen Revolution sich aufgetan hat.

*

Hüten wir uns vor der Gefahr, die geistigen Menschen von der Nation auszuschließen und seien wir des Umstandes eingedenk, daß alles Große aus dem Geiste kommt, auch in der Politik. Man wende auch nicht ein, die geistigen Menschen entbehren der Vitalität, ohne die ein Volk nicht geführt werden könne. Der wahre Geist ist so lebenskräftig, daß er sich für seine Überzeugung opfert. Die Verwechselung von Vitalität mit Brutalität würde eine Anbetung der Gewalt verraten, die für ein Volk gefährlich wäre.

Mit Recht wendet sich deshalb die Reichsregierung gegen einen falschen Personenkult, der das unpreußischste ist, was man sich nur vorstellen kann. Große deutsche Männer werden nicht durch Propaganda gemacht, sondern wachsen durch ihre Taten und werden anerkannt von der Geschichte. Auch Byzantinismus kann über diese Gesetze nicht hinwegtäuschen. Wer deshalb von Preußentum spricht, soll zunächst an stillen und unpersönlichen Dienst, aber erst zuletzt, am besten gar nicht, an Lohn und Anerkennung denken.

*

Wir dürfen uns nicht geistig an den Grenzen abschließen und uns freiwillig ins Ghetto begeben. Hier liegt die wirkliche Reaktion, das Sichverschließen gegenüber der geschichtlichen Notwendigkeit und der Sendung eines Volkes.

*

Kein Volk kann sich den ewigen Aufstand von unten leisten, wenn es vor der Geschichte bestehen will. Einmal muß die Bewegung zu Ende kommen, einmal ein festes soziales Gefüge, zusammengehalten durch eine unbeeinflußbare Rechtspflege und durch eine unbestrittene Staatsgewalt, entstehen. Mit ewiger Dynamik kann nicht gestaltet werden. Deutschland darf nicht ein Zug ins Blaue werden, von dem niemand weiß, wann er zum Halten kommt.

*

Die Regierung ist wohl unterrichtet über all das, was an Eigennutz, Charakterlosigkeit, Unwahrhaftigkeit, Unritterlichkeit und Anmaßung sich unter dem Deckmantel der deutschen Revolution ausbreiten möchte. Sie täuscht sich nicht darüber hinweg, daß der reiche Schatz an Vertrauen, den ihr das deutsche Volk schenkte, bedroht ist. Wenn man Volksnähe und Volksverbundenheit will, so darf man die Klugheit des Volkes nicht unterschätzen, muß sein Vertrauen erwidern und es nicht unausgesetzt bevormunden wollen. Das deutsche Volk weiß, daß seine Lage eine ernste ist, es spürt die Wirtschaftsnot, es erkennt genau die Mängel mancher aus der Not geborenen Gesetze, es hat ein feines Gefühl für Gewalt und Unrecht, es lächelt über plumpe Versuche, es durch eine falsche Schönfärberei zu täuschen. Keine Organisation und keine noch so gute Propaganda werden auf die Dauer allein im Stande sein, das Vertrauen zu erhalten. Ich habe deshalb die Propagandawelle gegen die sogenannten »Kritikaster« anders aufgefaßt, als dies von manchen geschah. Nicht durch Aufreizung insbesondere der Jugend, nicht durch Drohungen gegenüber hilflosen Volksteilen, sondern nur durch eine vertrauensvolle Aussprache mit dem Volke kann die Zuversicht und die Einsatzfreude gehoben werden. Das Volk weiß, daß ihm schwere Opfer zugemutet werden. Es wird sie ertragen und dem Führer in unerschütterlicher Treue folgen, wenn man es mitraten und taten läßt, wenn nicht gleich jedes Wort der Kritik als Böswilligkeit ausgelegt wird, und wenn verzweifelte Patrioten nicht zu Staatsfeinden gestempelt werden.

*

Es ist an der Zeit, in Bruderliebe und Achtung für den Volksgenossen zusammenzurücken, das Werk ernster Männer nicht zu stören und doktrinäre Fanatiker zum Verstummen zu bringen.

Nachwort

Von Sven Felix Kellerhoff

Am 4. August 1934, einem Samstag, erschien eine selbstbewusste Anzeige auf der achten und letzten Seite der *Deutschen Freiheit*, der – dem eigenen Untertitel zufolge – »einzigen unabhängigen Tageszeitung Deutschlands«. Geworben wurde in der zweispaltigen Annonce für »die interessanteste Schrift des Tages« mit dem Titel *Hitler rast*, die ein gewisser »Klaus Bredow« publiziert hatte. Die Leser des Inserats, das weder bibliografische Angaben noch einen Preis enthielt, wurden aufgefordert: »Fragen Sie in den Kiosken und Buchhandlungen nach.«[1]

Die Broschüre mit 74 Seiten einschließlich des Umschlags und mit dem Untertitel *Der 30. Juni* (auf dem Cover *Die Bluttragödie des 30. Juni 1934*). *Ablauf, Vorgeschichte und Hintergründe* sollte laut dem nicht einmal rudimentären Impressum beim »Kultur-Verlag St. Gallen« erschienen sein.[2] Doch das war eine bewusste Irreführung, denn es gab zwar in dem ostschweizerischen Kantonshauptort (wie übrigens in anderen Städten des deutschsprachigen Mitteleuropas auch) tatsächlich eine Firma namens »Kultur-Verlag«, unter deren Verantwortung offenbar auch einige Bücher erschienen.[3] Die Schrift *Hitler rast* stammte in Wirklichkeit jedoch aus dem unmittelbaren Umfeld der *Deutschen Freiheit* in Saarbrücken.[4]

---

1 *Deutsche Freiheit* v. 4. August 1934.

2 Originalausgabe, S. 2 (hier nicht abgedruckt).

3 Beispiele, alle von 1936: *Die letzten sechs Nächte des Heinrich Heine* von Walter Victor; *Tragödien der Tiefe* von Alfred Sang; *Mein Herz schlägt weiter: Briefe aus der Schutzhaft* von Felix Fechenbach.

4 Vgl. *Deutsche Freiheit* v. 17. November 1934.

In den folgenden Wochen erschienen in dem Blatt weitere Anzeigen für die Broschüre: eine identische am 15. August, eine um eine Bestelladresse – nämlich den Verlag der sozialdemokratischen Zeitung *Volksstimme,* ebenfalls in Saarbrücken – ergänzte Version am 19. August und vom 21. bis 31. August in allen Ausgaben eine Fassung, in der nun auch der Preis genannt wurde: »3.90 französische Franken«. Das war nicht überraschend, denn das Saargebiet stand seit Anfang 1920 als Mandatsgebiet des Völkerbundes mit dem offiziellen Namen »Territoire du Bassin de la Sarre« unter französischer Verwaltung, weshalb hier die französische Währung verwendet wurde.[5]

Nach einer kurzen Unterbrechung folgten vom 4. bis zum 8. September weitere Anzeigen in der *Deutschen Freiheit,* in denen es nun hieß: »Erste Auflage in wenigen Wochen vergriffen«. Konsequent folgte ab dem 11. September ein Inserat mit der Feststel-

Das Originalcover von 1934, welches im Untertitel – Hinweis auf den überstürzten Publikationsprozess – von dem sehr rudimentären Impressum abweicht (© Privatbesitz)

5 Das Saargebiet umfasste rund drei Viertel des heutigen Bundeslandes Saarland einschließlich aller nennenswerten Städte wie Saarbrücken, Neunkirchen, Homburg und Saarlouis.

lung »2. Auflage soeben erschienen«, das bis zum 6. Oktober zwar nicht mehr täglich, aber doch insgesamt immerhin siebenmal erschien. Nach einer längeren Pause vermeldete dann Ende Oktober eine Version die Feststellung »10 000 in 10 Wochen«; sie erschien bis Mitte November 1934 dreimal.[6] Außerdem wurden Ende 1934 und Anfang 1935 noch zwei Sammelanzeigen geschaltet, die neben anderen Titeln auch *Hitler rast* erwähnten.[7]

Damit allerdings verschwand die Broschüre trotz des beanspruchten hervorragenden, unabhängig allerdings nicht belegbaren Absatzes aus der *Deutschen Freiheit* wie auch nahezu komplett aus der Wahrnehmung der Öffentlichkeit. Aus anderen Exil-Blättern sowohl in der Schweiz wie in Österreich und gleichermaßen der englisch- wie der französischsprachigen Welt sind außer wenigen Annotationen und kurzen Bezugnahmen auf den Inhalt keine Bezüge auf *Hitler rast* bekannt.[8] Ausführliche Rezensionen gab es gar nicht.[9]

Das unterscheidet *Hitler rast* von anderen, inhaltlich ähnlichen Publikationen von 1934 – beispielsweise dem *Weissbuch über die Erschiessungen des 30. Juni* aus dem Verlag *Editions du Carre four* des nach Paris geflüchteten kommunistischen Pressezaren Willi Münzenberg.[10] Oder der Schrift *Die deutsche Bartholomäusnacht* des abtrünnigen Nationalsozialisten Otto Strasser, dessen Bruder

---

6 *Deutsche Freiheit* v. 15. u. 19. sowie 21.–31. August, 4.–14. u. 18., 21. u. 28. September, ferner 6. u. 27. Oktober sowie 14. u. 17. November 1934

7 *Deutsche Freiheit* v. 31. Dezember 1934 u. 13. Januar 1935.

8 Zu den wenigen Ausnahmen gehört eine in der *Deutsche Freiheit* v. 20. November 1934 zitierte Passage aus der *Neuen Saar Post*, einer nach eigenen Angaben »unabhängigen Tageszeitung für christliche und deutsche Kultur«. Darin wurde eine Auslassung in der Broschüre betreffend den SA-Führer Julius Uhl korrigiert, die sich allerdings nur auf die Liste mit Opfern im Anhang von *Hitler rast* bezog, nicht auf den Haupttext.

9 Überprüft mithilfe der Zeitungsdatenbanken *Deutsches Zeitungsportal*, *e-newspaperarchives*, *Anno Historische Zeitungen und Zeitschriften*, *Proquest Historical Newspapers* sowie *RetroNews – Le site de presse de la BnF*.

10 Münzenbergs *Weissbuch* erschien 1935 mit 15 bis 20 Tausend Exemplaren in dritter Auflage auf Deutsch; ferner gab es Übersetzungen ins Niederländische, Schwedische und Französische. Vgl. zu Münzenberg und seinem Wirken 1933/34 Gross: *Münzenberg*, S. 254–257 u. S. 276f.

Gregor zu den Opfern des 30. Juni gehörte.[11] Eine weitere Differenz: Die Broschüre *Hitler rast* wurde nach 1945 bisher niemals nachgedruckt oder neu aufgelegt.[12]

Das allein überrascht schon, denn das Bändchen aus dem Verlag der *Deutschen Freiheit* war nicht nur die kürzeste, sondern auch inhaltlich die beste zeitgenössische Darstellung jener Vorgänge im nationalsozialistischen Deutschland Ende Juni und Anfang Juli 1934, die unter der eigentlich falschen Bezeichnung »Röhm-Putsch« ins kollektive Bewusstsein eingegangen sind.

Geradezu unverständlich wird die neun Jahrzehnte währende Ignoranz sowohl der zeithistorischen Forschung wie der Öffentlichkeit *Hitler rast* gegenüber allerdings, wenn man weiß, wer sich hinter dem ansonsten offenbar nicht benutzten Pseudonym »Klaus Bredow« verbarg: Konrad Heiden.

*

Der Publizist Stefan Aust hat für Heiden die Formel »Hitlers erster Feind« geprägt.[13] Das ist durchaus passend, auch wenn es Ende der 1920er- und Anfang der 1930er-Jahre eine Reihe weiterer Autoren gab, die sich ähnlich kritisch wie kompetent mit dem neuen Phänomen des Nationalsozialismus auseinandersetzen. Allerdings sind deren Namen heute höchstens noch Experten der ausgehenden Weimarer Republik vertraut. Die interessante Analyse *Die große Trommel* beispielsweise, im Herbst 1930 unter dem Pseudonym »Tacitus Redivivus« von Max Hochdorf publiziert, war bis zu ihrer kommentierten Neuauflage 2022 vergessen.[14] Mehrere Broschüren von Helmut Klotz, einem geläuterten ehemaligen Teilnehmer des Hitler-Putsches von 1923, liegen zwar als Scans der Originale vor,

11 Strassers *Die deutsche Bartholomäusnacht* erlebte bis 1938 sieben Auflagen auf Deutsch und wurde ebenfalls ins Schwedische übersetzt. Vgl. zu Strasser Moreau: *Nationalsozialismus von links*, S. 185–188.

12 Strassers *Die deutsche Bartholomäusnacht* erschien 1996 als Reprint der Originalausgabe, Münzenbergs *Weissbuch* 2021.

13 Aust: *Hitlers erster Feind*, S. 9.

14 Tacitus Redivivus: *Die große Trommel*.

allerdings unkommentiert und ohne Kontextualisierung, was zumindest bei der homophoben Schrift *Der Fall Röhm* misslich ist.[15]

Im Gegensatz zu Max Hochdorf / »Tacitus Redivivus« und Helmut Klotz ist Konrad Heiden auch im 21. Jahrhundert ein nicht allein unter Fachleuten bekannter Autor.[16] Geboren am 7. August 1901 in München als Sohn eines sozialdemokratischen Anwaltsangestellten, stammte er mütterlicherseits aus einer jüdischen Familie; allerdings starb seine Mutter bereits, als er fünf Jahre alt war. So wuchs er bei seinem Vater auf, der inzwischen hauptamtlicher SPD-Parteifunktionär in Frankfurt am Main war, jedoch Anfang 1916 ebenfalls starb. Mit nicht einmal 15 Jahren hatte Konrad Heiden keine Eltern mehr – in einem Land ohne nennenswerte soziale Absicherung jenseits der Armenfürsorge ein hartes Schicksal. Er konnte offenbar dank Unterstützung von Freunden seines Vaters das Gymnasium in Frankfurt trotzdem erfolgreich abschließen und ging 1919 zum Studieren nach München.

Die Ludwig-Maximilians-Universität war kurz nach dem verlorenen Weltkrieg eine Hochburg nationalistischer und antisemitischer Studenten. Schon im Sommersemester 1919 bildete sich hier eine Ortsgruppe des Deutschvölkischen Schutz- und Trutzbundes, einer radikal judenfeindlichen und reaktionären Organisation. Binnen weniger Monate traten ihr mehr als 900 angehende Akademiker bei – das war etwa jeder neunte an der Münchner Universität immatrikulierte Student. Konrad Heiden gehörte nicht zu ihnen, was angesichts seiner Herkunft nicht überraschen konnte. Er studierte Rechtswissenschaften sowie Nationalökonomie und engagierte sich in der Republikanischen Studentenunion, deren Vorsitz er 1922 übernahm. Ab dem folgenden Jahr arbeitete er nebenbei

15 Klotz: *Der Fall Röhm*.

16 Von Konrad Heiden gibt es nur zwei Teilnachlässe: für die Zeit bis 1931 in der Zentralbibliothek Zürich (Nachlass K. Heiden) und für die Zeit nach 1941 im Institut für Zeitgeschichte München (IfZ-Archiv ED 209). Das Material aus der Zeit 1932 bis 1941 ist offenbar verschollen. Die wesentliche Quelle für diese Zeit sind außer seinen Artikeln die Erinnerungen seines Bekannten Norbert Mühlen von 1974 (IfZ-Archiv ZS 3082).

dem Korrespondenten der wirtschaftsliberalen *Frankfurter Zeitung* für Bayern zu; sein Studium beendete er nicht, möglicherweise wegen Prüfungsangst.[17]

Zu diesem Zeitpunkt hatte Heiden bereits regelmäßig Hitlers Auftritte in München verfolgt. Im Sommer 1935 blickte er auf die eigene Beschäftigung mit dem Gegenstand zurück und schrieb: »Das vorliegende Buch beruht auf fünfzehnjähriger Beschäftigung mit dem Thema; auf Beobachtung aus der Nähe, schon in der frühesten Stunde.«[18] Heiden schnappte seit 1920/21 jede Menge Hörensagen über die Nationalsozialisten und ihren »Führer« in München auf, darunter gleichermaßen zutreffende Angaben wie ausgedachte Geschichten. Er sammelte *alles* und wurde schnell zum zweifellos am besten über die NSDAP informierten Journalisten in Deutschland.

Die Arbeit als Reporter und Beobachter des politischen Geschehens faszinierte ihn; beinahe täglich berichtete er zum Beispiel von Ende Februar bis Anfang April 1924 in der *Frankfurter Zeitung* über den Prozess gegen Hitler und seine Mitverschwörer in München. 1929 wechselte Heiden zunächst in die Stammredaktion nach Frankfurt und ging von dort aus als Korrespondent in die Reichshauptstadt. Dem Thema Hitler blieb er treu: Berichte über die NSDAP machten weiter einen nennenswerten Anteil seiner Tätigkeit aus.[19] Seit 1931 arbeitete Konrad Heiden als freier Journalist in Berlin und schrieb vor allem für die *Vossische Zeitung*, das bürgerliche Flaggschiff des Ullstein-Verlags.

Daneben verfasste er sein erstes Buch: Im November 1932, also gut zwei Monate vor der Machtübernahme der braunen Bewegung, erschien seine *Geschichte des Nationalsozialismus. Die Karriere einer Idee*. Die *Vossische Zeitung* druckte in einer einwöchigen Serie vom 6. bis zum 12. November 1932 Auszüge ab und verschaffte dem Band damit erhebliche Aufmerksamkeit; die erste Auflage von 5000 Exemplaren war denn auch binnen Kurzem vergriffen. Die

17 Vgl. Aust: *Hitlers erster Feind*, S. 136–138.
18 Heiden: *Adolf Hitler*, S. 19.
19 Vgl. Zentralbibliothek Zürich, Nachlass K. Heiden, Bd. 7 u. Bd. 7a.

christdemokratische *Kölnische Zeitung* widmete dem Band eine ausführliche Rezension, in der es hieß: »In die nationalsozialistische Bewegung lässt sich, wie hinlänglich bekannt, vieles hineindeuten – und von dem vielen wiederum das Gegenteil behaupten. Beides besorgen sowohl die Gegner als auch die Anhänger selber.« Heiden sei »ein gescheiter Kopf« und wisse »gut zu schreiben«; insgesamt sei das Buch »eine journalistische Leistung von Rang«.[20] Weniger freundlich ging die Prager Zeitung *Sozialdemokrat* das Thema an. Zwar bemerkte die Rezension einleitend: »Es war eine dankbare Aufgabe, die Geschichte der gewaltigen politischen Umschichtungen im deutschen Volke, die mit dem Entstehen und der Entwicklung des Nationalsozialismus zusammenfällt, zu schreiben. Konrad Heiden hat sich ihr unter Zugrundelegung eines reichen und zum großen Teil neuen Quellenmaterials unterzogen.« Dann aber hieß es, typisch einseitig für ein Parteiblatt: »Konrad Heiden ist kein Marxist, womit ein gewisser Mangel des Buches aufgezeigt erscheint.« Diese unfreundliche Beschreibung sollte vielleicht der nächste Satz ›heilen‹, denn weiter hieß es: »Er geht aber oft vielleicht unbewusst von marxistischen Gedankengängen aus, und er besitzt eine ungewöhnliche Sachkenntnis des äußeren Geschehens, wie er auch versteht, ebenso die Tricks wie manche tieferen Ursachen des rapiden Wachstums des deutschen Faschismus aufzudecken.«[21]

Dieses Buch machte Heiden endgültig zum prominenten Feind der NSDAP, und seit der Machtübergabe an Adolf Hitler am 30. Januar 1933 war er gefährdet, seit der Brandstiftung im Reichstag am Abend des 27. Februar sogar so etwas wie Freiwild. Darauf wies ihn eigenen Angaben zufolge der Rowohlt-Verlag hin, bei dem die *Geschichte des Nationalsozialismus* in erster Auflage erschienen war, der keine zweite mehr folgen sollte. Wie genau sich seine Flucht ins Exil vollzog, wird widersprüchlich beschrieben; nach Heidens eigener Darstellung will er noch bis ins Frühjahr 1933 hinein in

20 *Kölnische Zeitung* v. 25. Dezember 1932.
21 *Sozieldemokrat* v. 11. Dezember 1932.

Deutschland gelebt haben, allerdings nicht in Berlin; an einem »goldenen Maitag« sei er zum letzten Mal in Nürnberg gewesen.[22] Sein Bekannter Norbert Mühlen hingegen war sich sicher, dass Heiden bereits Mitte oder Ende April 1933 in Zürich gelebt habe.[23]

In der Schweiz war Heiden als faktisch mittelloser Flüchtling abhängig von der Unterstützung anderer, vor allem seines neuen Verlegers, des Buchhändlers Emil Oprecht, der 1933 in Zürich den Europa-Verlag als neue Heimstätte für aus Deutschland vertriebene Autoren gegründet hatte. In der Regel erhielt er nun Vorschüsse auf seine geplanten nächsten Bücher. Parallel dazu gründete Heiden in Saarbrücken, das als Teil des französischen Mandatsgebiets einigermaßen sicher war vor nationalsozialistischer Gewalt, zusammen mit anderen exilierten deutschen Journalisten die *Deutsche Freiheit*.[24]

Angesiedelt im Verlagsgebäude der SPD-Zeitung *Volksstimme* und formal gleichfalls von deren Chefredakteur Max Braun verantwortet, wollte die *Deutsche Freiheit* aufklären über die tatsächlichen Zustände im nationalsozialistischen Deutschland. Das Blatt war an überraschend vielen Kiosken im nicht deutschen Mitteleuropa zu bekommen. Am 18. September 1933 meldet die Gestapo Details über die neue Zeitung: »Die vom Verlag der Saarbrücker *Volksstimme* herausgegebene *Deutsche Freiheit* erscheint in einer täglichen Auflage von 104.000 Stück. Hiervon gehen täglich 20.000 Stück nach Frankreich, je einige Hundert nach Amerika, Russland und Palästina. Der größte Prozentsatz der Auflage wird nach der Schweiz versandt.« Offenbar gab es einen Informanten im Verlag: »Wie hoch die Abonnentenzahl im Saargebiet ist, ist nicht bekannt. Fest steht, dass eine größere Anzahl zu Propagandazwecken gratis verteilt wird.«[25] Nach Deutschland geschmuggelt wurde das Blatt nur in

22 Zit. n. Aust: *Hitlers erster Feind*, S. 187.

23 IfZ-Archiv ZS 3082, Bl. 2.

24 Eine Studie über die *Deutsche Freiheit* ist ein Desiderat.

25 Nachrichten des Geheimen Staatspolizeiamtes (18. September 1933), in: *Nationalsozialismus, Holocaust, Widerstand und Exil 1933-1945. Online-Datenbank*; http://db.saur.de/DGO/basicFullCitationView.jsf?documentId=rk38.

geringem Umfang – der auffällige, in geschwungenen Buchstaben gesetzte und rot gedruckte Titel machte das zu gefährlich. Informationen von Exilanten kamen eher als Tarnschriften, in der Regel Broschüren mit unverdächtigen Umschlägen, ins Dritte Reich.

Die meisten Artikel in der bis auf Montage täglich publizierten *Deutschen Freiheit* waren nicht namentlich gezeichnet – bis auf wenige Ausnahmen meist von Gastautoren. Das war Konrad Heiden zwar gewiss nicht, trotzdem erschien am 8. Dezember 1933 auf der Titelseite ein Auszug aus seinem neuen Buch *Geburt des Dritten Reiches* über die Machtübernahme der NSDAP, erschienen im Europa-Verlag Zürich.[26] Für das Werk wurde auch anderweitig im Blatt geworben, in Anzeigen wie in redaktionellen Texten.

Doch Konrad Heiden reichte die Arbeit für die *Deutsche Freiheit* nicht. Parallel schrieb er in der Ende Oktober 1933 gegründeten Wochenzeitschrift *Westland*, die sich von der sozialdemokratischen *Volksstimme* und der zumindest als SPD-nah wahrgenommen *Deutschen Freiheit* durch ihren liberaldemokratischen Ansatz unterschied. Hier veröffentlichte Heiden unter dem Pseudonym »Argus«. Seine Tätigkeit erschien der Gestapo, die das Saargebiet von Trier aus beobachtete, am 24. Februar 1934 einen Bericht wert: Die SPD im Saargebiet habe »einen staatsfeindlichen Nachrichtendienst eingerichtet«, der seit einigen Tagen tätig sei: »Das Büro des Nachrichtendienstes befindet sich in Saarbrücken, Brauerstraße 6/8. Hauptleiter des Büros soll der frühere Redakteur des *Vorwärts* Konrad Heiden werden, der sich bis vor Kurzem in Zürich aufgehalten hat. Das Büro soll politische Artikel für die *Volksstimme*, die *Deutsche Freiheit* und die Zeitung *Westland* liefern.«[27] Eine Reaktion auf diese Informationen ist nicht dokumentiert; übrigens traf der Bericht nur teilweise zu, denn Redakteur des Parteiblatts *Vorwärts* war Heiden

26 *Deutsche Freiheit* v. 8. Dezember 1933.

27 Gestapo-Bericht v. 24. Februar 1934, in: *Nationalsozialismus, Holocaust, Widerstand und Exil 1933-1945. Online-Datenbank*; http://db.saur.de/DGO/basicFullCitationView.jsf?documentId=APK-017062.

offenbar nie, auch wenn er ein entsprechendes Angebot des SPD-eigenen *Hamburger Echos* erhielt, das er aber nicht annahm.

Im Frühjahr 1934 verfasste Konrad Heiden anonym für den Verlag der *Volksstimme* eine Broschüre mit dem Titel *Sind die Nazis Sozialisten? 100 Dokumente aus 14 Monaten.*[28] Auf knapp 50 Seiten versammelte er Auszüge aus Reden, Artikeln und anderem Material, um der NSDAP den von ihr beanspruchten Charakter als sozialistische Partei abzusprechen. Zugrunde lag dem ein damals und auch im 21. Jahrhundert immer noch verbreitetes Missverständnis: Selbstverständlich war die Hitler-Bewegung niemals sozialistisch im marxistischen Sinne, sondern im Gegenteil sogar stets radikal antimarxistisch, wie es Ernst Nolte Anfang der 1960er-Jahre formulierte.[29] Gleichzeitig aber war der Nationalsozialismus im Selbstverständnis seiner Mitglieder sehr wohl sozialistisch, nämlich kollektivistisch: Für Hitlers Anhänger war die zentrale Verheißung eine von Juden, »Marxisten« und anderen »undeutschen« Elementen gereinigte Volksgemeinschaft, was als Verwirklichung des »nationalen Sozialismus« galt. Viele NS-Sympathisanten führten ihre Hoffnung auf das Fronterlebnis 1914 bis 1918 zurück, den »wahren Sozialismus des Schützengrabens«. Dieses eher vage Gefühl kondensierte in der Formel »Gemeinnutz vor Eigennutz«, die zu den nur zwei im Parteiprogramm von 1920 typografisch hervorgehobenen Forderungen gehörte. Heiden konnte nicht wissen, was fast zur gleichen Zeit, als er im Frühjahr 1934 seine Broschüre *Sind die Nazis Sozialisten?* verfasste, ebensolche Nazis schrieben, beispielsweise ein Sturmführer der SA: »Der nationale Sozialismus ist durchdrungen vom Geiste der Volksgemeinschaft. Nationalsozialismus ist Dienst am Volk, Hingabe an das Volk, Kampf für das Volk und nicht für eine Klasse oder einen Stand.«[30]

Nach dem eindeutigen Ausgang der Volksabstimmung im Saargebiet über eine Rückkehr zum Deutschen Reich (Zustimmung: fast

---

28 Vgl. die Anzeige für diese Broschüre in *Deutsche Freiheit* v. 10. Juli 1934.

29 Nolte: *Der Faschismus*, S. 61.

30 Vgl. mit weiteren Nachweisen Kellerhoff: *Die NSDAP*, S. 136–138.

91 Prozent) am 13. Januar 1935 verließ Heiden Saarbrücken Ende des Monats Richtung Paris, wo es eine große Gemeinde deutscher Emigranten gab. Hatte er sich 1934 im Saargebiet der Exil-SPD durchaus angenähert, so ging er nun auf deutliche Distanz zu der geplanten »Volksfront«, also dem Zusammengehen mit dem aus Moskau gesteuerten Kommunismus. Dagegen engagierte sich Heiden im »Bund freie Presse und Literatur«, der Konkurrenz zum »Schutzverband deutscher Schriftsteller«, den Willi Münzenberg dominierte.[31]

In Paris arbeitete Heiden neben kleineren publizistischen Aufgaben vor allem an der ersten kritischen Biografie des »Führers«, die Ende 1935 und dann 1937 in zwei Bänden erschien und auf Deutsch wie in Übersetzungen ins Englische, Französische, Niederländische, Schwedische und Tschechische ein großer Erfolg wurde – natürlich nur außerhalb des Dritten Reiches. Zu den wenigen Lesern in Berlin zählte Propagandaminister Joseph Goebbels, der am 2. März 1936 in seine Tagebuchkladde schrieb: »Buch der Emigration über den Führer gelesen. Von Heiden. Welch ein Unrat, welch ein Schmutz!«[32] Ein ungewollter Ritterschlag, von dem der Autor freilich nie erfuhr. Weitere Publikationen folgten, unter anderem über das Novemberpogrom 1938.

Nach Beginn des Zweiten Weltkriegs saß Heiden als deutscher Exilant in Frankreich wie viele andere in Internierungshaft, zunächst im Spätsommer und Herbst 1939 und erneut während der deutschen Offensive im Westen im Frühjahr 1940. Nach der Kapitulation Frankreichs konnte er in den (noch) unbesetzten Teil des Landes fliehen und weiter über die Pyrenäen durch Spanien nach Lissabon.[33] Am 27. Oktober 1940 kam er mit einem Passagierdampfer in New York an; die deutschsprachige Exil-Wochenzeitung *Aufbau* begrüßte ihn als »Autor der drei großen und international anerkannten Bücher *Hitler*, *Geschichte des Nationalsozialismus* und *Die neue Inquisition*« – bei dem letzten genannten Band handelte es

31 Vgl. IfZ-Archiv ZS 3082, Bl. 3–6.
32 Fröhlich (Hrsg.): *Die Tagebücher von Joseph Goebbels*. Bd. 3/II, S. 30.
33 Vgl. IfZ-Archiv ZS 3082, Bl. 9–12.

sich um die englische Fassung seines Berichtes über das Novemberpogrom, der auf Deutsch tatsächlich erst 2013 erschien!

Nun war Konrad Heiden in Sicherheit. Er schrieb seine Hitler-Biografie fort und brachte sie unter dem neuen Titel *Der Fuehrer – Hitler's Rise to Power* heraus. Außerdem verfasste er 1943 eine neunseitige Einleitung zur Neuübersetzung von *Mein Kampf* ins Englische.

Mit Hitlers Selbstmord verlor Heiden sein wichtigstes Sujet. Er war Publizist und journalistischer Beobachter, wurde aber nie zum Zeithistoriker. Buchprojekte etwa über die »Machtverhältnisse« vor dem und im Zweiten Weltkrieg, die Frühgeschichte des Bolschewismus oder Nietzsche als »Wegbereiter des deutschen Machtanspruchs« blieben fragmentarisch und kamen nie in die Nähe der Publikationsreife. Dafür war er weiterhin von den USA aus journalistisch tätig, lieferte zum Beispiel von August 1952 bis Juni 1960 Korrespondentenberichte für den Süddeutschen Rundfunk aus den USA.[34]

Nur einmal reiste Heiden zurück in die alte Heimat. Anfang Dezember 1951 kam er in Hamburg an, das ihm sein Auftraggeber bei der Zeitschrift *Life* zumindest nach dem stets lokalpatriotischen *Hamburger Abendblatt* als »die interessanteste Stadt Deutschlands« empfohlen hatte.[35] Offenbar allerdings frustrierte ihn der fast fünf Monate lange Besuch: »Die Nazis sind immer noch da – daran gibt es keinen Zweifel. Die richtig schlimmen schauen aus ihren Löchern, die anderen rennen schon wieder überall herum, umgeben von reichlich vielen Leuten, die ernsthaft glauben, daß es niemals Gaskammern gegeben hat.«[36]

Zurück in den USA setzte Heiden seine Arbeit als Journalist so lange fort, wie es seine Gesundheit zuließ, doch ab 1960 konnte er sich nur noch jeweils kurz konzentrieren. Im April 1964 diagnostizierte ihm sein Arzt, »dauernd völlig arbeitsunfähig« zu sein. Am 18. Juli 1966, kurz vor seinem 65. Geburtstag, starb Konrad Hei-

34 Vgl. Bestandsverzeichnis IfZ-Archiv ED 209.
35 *Hamburger Abendblatt* v. 7. Dezember 1951.
36 Zit. n. Aust: *Hitlers erster Feind*, S. 344.

den. Auf seinem Grabstein auf dem *Orleans Cemetery* in East Orleans, Massachusetts, stand unter seinem Beruf (»writer«) und vor den Lebensdaten knapp »foe of Nazis«. Die *WELT* notierte: »Konrad Heiden, der Journalist, Schriftsteller und Hitler-Biograf, ist, wie erst jetzt bekannt wird, am 18. Juli im Alter von 64 Jahren in New York gestorben.«[37] Ausführliche Nachrufe erschienen in deutschen Blättern nicht; allein die *New York Times* widmete ihm einen Einspalter.[38]

*

Seit dem 3. Juli 1934, der ersten redaktionell erreichbaren Ausgabe nach dem 30. Juni, berichtete die *Deutsche Freiheit* umfassend über die Geschehnisse in Deutschland – teilweise seitenlang. Dabei vermischten sich Kolportagen und Gerüchte untrennbar mit (oft schlecht kaschierten) Erfindungen und mitunter wüsten, oft schon in einer der nächsten Ausgaben stillschweigend revidierten Spekulationen. Doch dazwischen gab es immer wieder erstaunlich zutreffende, offensichtlich aus wohl informierten Kreisen stammende Nachrichten. Namentlich gekennzeichnet waren die wenigsten dieser Texte; daher ist kaum zu ermitteln, ob Passagen, die später in Büchern von Konrad Heiden auftauchten, schon in der *Deutschen Freiheit* tatsächlich von ihm stammten – oder ob er sich bei Texten anderer Autoren bedient hatte.

Parallel zu der aktuellen Berichterstattung in der Zeitung schrieb Heiden spätestens seit der ausgehenden ersten Juliwoche an der Broschüre *Hitler rast.* Am 10. Juli 1934 fand sich in einer Anzeige für die bereits erschienene Broschüre *Sind die Nazis Sozialisten?* eine erste Ankündigung für diese Publikation, die »in etwa acht Tagen« erwartet werde. Ein Autorenname war darin aber noch nicht genannt; stattdessen hieß es, es handele sich um »eine hochinteressante Darstellung der letzten Ereignisse aus berufener Feder«.[39]

37 *WELT* v. 25. Juli 1966.
38 *New York Times* v. 20. Juli 1966.
39 *Deutsche Freiheit* v. 10. Juli 1934.

Worauf sich das in den folgenden Wochen ausgewählte Pseudonym »Klaus Bredow« bezog, ist unklar. Heidens Bekannter Norbert Mühlen erinnerte sich, es habe sich um den »Namen eines deutschen Generals« gehandelt, mit dem er »politisch Unruhe stiften wollte«, der ihm aber im Moment nicht einfalle. Handschriftlich wurde auf der Interview-Abschrift ergänzt: »Klaus von Bredow«.[40] Vermutlich handelte es sich hier um eine Fehldeutung Mühlens, denn ohne das Adelsprädikat gab es keinen wirklichen Bezug zu Generalmajor Ferdinand von Bredow, dem am Abend des 30. Juni 1934 erschossenen Schleicher-Vertrauten. Aber eine andere Deutung des Pseudonyms ist nicht bekannt.

Ein *terminus ante quem* für die Fertigstellung der Broschüre liefert die Tatsache, dass Heiden mit keinem Wort auf den misslungenen Putsch österreichischer Nationalsozialisten gegen den christsozialen Bundeskanzler und Diktator Engelbert Dollfuß vor allem in Wien am 25. Juli 1934 einging. Der Coup kam für die deutsche und internationale Öffentlichkeit vollkommen überraschend, obwohl Hitler eingeweiht war und das Vorgehen sehr wahrscheinlich abgesegnet hatte, auch wenn er das im Nachhinein bestritt.[41] Ende Juli 1934 lag die Broschüre gedruckt vor – was allerdings seinerzeit und im Verlag einer Tageszeitung eine Sache von nur wenigen Tagen war.

Schon unmittelbar nach dem Erscheinen zeigten sich Heidens Gegner gut informiert. Am 31. Juli 1934 schrieb ein Mitarbeiter der Leitstelle Trier der Staatspolizei nach Berlin: »Aus zuverlässiger Quelle wird mir mitgeteilt, dass im Verlag *Volksstimme* zwei Broschüren herausgegeben wurden, und zwar: *Sind die Nazis Sozialisten?* und *Hitler rast.* Bei beiden Broschüren ist kein Verfasser angegeben beziehungsweise ist derselbe getarnt.« Das Geheimnis war jedoch keines: »Verfasser ist der bekannte Schriftsteller Konrad Heiden, geboren am 7. August 1901 in München, der viele

40 IfZ-Archiv ZS 3082, Bl. 10.
41 Vgl. Kellerhoff: *Schüsse am Ballhausplatz*, S. 355–374.

Artikel in der *Freiheit* und der *Westland* unter dem Pseudonym ›Argus‹ schreibt.« An diesem Dienstag lag der Gestapo in Trier jedoch offenbar noch kein Exemplar vor, denn abschließend hieß es: »Falls die Broschüren beschafft und übersandt werden sollen, bitte ich um Mitteilung.«[42]

Hitler rast enthielt als unmittelbar nach den Ereignissen verfasste Darstellung einerseits eine Fülle von Vermutungen, Spekulationen und Missverständnissen. Vieles davon stammte aus Artikeln, die bis etwa Mitte Juli 1934 in der *Deutschen Freiheit* publiziert wurden. Weitere Informationen lassen sich in Verbindungen bringen mit Berichten des *Pariser Tageblatts*, der wichtigsten Exil-Zeitung. Andererseits vermied »Klaus Bredow« alias Konrad Heiden einige allzu weitgehende Deutungen des Geschehens, die sich in teilweise sehr aufgeregten, sichtlich wenig reflektierten Beiträgen der beiden und weiterer Exilpublikationen beispielsweise kommunistischer oder linksnationalsozialistischer Provenienz fanden.

Deshalb ist Heidens Darstellung inhaltlich wesentlich bedeutender als etwa Münzenbergs *Weissbuch* oder Otto Strassers *Bartholomäusnacht.* Trotzdem nahmen die frühesten und jeweils nur wenige Seiten kurzen zeitgeschichtlichen Auseinandersetzungen mit dem angeblichen »Röhm-Putsch« nach 1945 – der posthum veröffentlichte Aufsatz von Hermann Mau über *Die zweite Revolution* von 1953 und Hermann Krausnicks auf denselben Befragungen von Zeitzeugen beruhende Darstellung *Der 30. Juni 1934. Bedeutung, Hintergründe, Verlauf* aus dem folgenden Jahr – nicht Bezug auf *Hitler rast.* Ebenso wenig ging der Inhalt der Broschüre ein in das einschlägige Unterkapitel der zum 30. Juni 1960 erschienenen, mehr als 1000 Seiten starken Gesamtdarstellung *Die nationalsozialistische Machtergreifung* von Karl Dietrich Bracher, Gerhard Schulz und Wolfgang Sauer.

Diese drei Texte blieben bis Februar 2024 die wesentlichen Beiträge der deutschsprachigen Geschichtswissenschaft zum Thema.

---

42 Zit. n. Aust: *Hitlers erster Feind*, S. 238 f.

Aber auch die inhaltlich schwachen, nicht einmal populärwissenschaftlichen Bücher *Mordsache Röhm* von Heinz Höhne und *Der schwarze Freitag der SA* von Max Gallo setzten sich nicht mit *Hitler rast* auseinander. Auch Peter Longerich und Daniel Siemens, die beiden wichtigsten SA-Experten in der Historikerschaft, verwendeten die Broschüre ihren Literaturverzeichnissen zufolge nicht. Rainer Orth registrierte in seiner großen und materialreichen Studie über den oppositionellen Kreis in Franz von Papens Amt das Bändchen zwar, zitierte daraus aber nicht.

*

Wo lag Konrad Heiden in seiner Broschüre *Hitler rast* richtig, wo falsch? Im Detail finden sich Hinweise dazu im Kommentar im Anschluss an dieses Nachwort. Einige grundsätzliche Punkte lassen sich jedoch nennen; in Rechnung stellen muss man dabei, dass sein Informationsstand der von Mitte Juli 1934 war – Wissen, das erst aus späteren Befragungen sowie Archivalien und anderen Quellen gewonnen worden ist, konnte er naturgemäß noch nicht haben.

Sicher fehl ging Heidens Einschätzung Hitlers als »ewig streberhaft auf den Effekt« bedacht, »feige« und zu wenig mutig, um »seinen Gelüsten nachzugeben, wenn sie gefährliche Folgen haben könnten«. Das entsprach aber dem allgemeinen Eindruck unter NS-Kritikern im zweiten Jahr der Diktatur.[43] Der tatsächliche Umfang des Vabanquespiels, das für Hitler typisch war, ließ sich erst in den folgenden Jahren erkennen, vor allem in seinen außenpolitischen Volten ab der Einführung der Wehrpflicht 1935. In den verschiedenen Versionen seiner Hitler-Biografie hat Heiden diese Fehleinschätzung teilweise korrigiert.

Hinsichtlich der Finanzierung der NSDAP blieb *Hitler rast* den Annahmen verhaftet, die seit den 1920er-Jahren in Deutschland kursierten. Die tatsächlich wichtigste Geldquelle der Bewegung, die sich im Wesentlichen durch direkte und indirekte Beiträge der

43 Bredow-Heiden: *Hitler rast*, S. 14.

Mitglieder selbst finanzierte, wurde erst seit 1977, also ein halbes Jahrhundert später, dokumentiert.[44]

Nicht befreien konnte sich Heiden ferner von dem Bemühen, Hitler ins bisher gültige Spektrum der Politik von (marxistisch-) sozialistisch bis reaktionär einzuordnen; den grundsätzlich eigenen, auf allerdings antimarxistische Weise eben doch sozialistischen Charakter der NSDAP erkannte er nicht. Vielleicht machte Heiden, der selbst kein Sozialist war, mit seinen entsprechenden Bemerkungen in *Hitler rast* aber auch ein Zugeständnis an den SPD-eigenen Verlag, in dem seine Broschüre ebenso wie die *Deutsche Freiheit* erschienen.

Hinsichtlich der Brandstiftung im Reichstag blieb Heiden der Sichtweise der Zeitgenossen und Exilanten verhaftet, die nahezu geschlossen davon ausgingen, dass nicht Marinus van der Lubbe als Einzeltäter verantwortlich sei, sondern eine nationalsozialistische Verschwörung.[45] Allerdings blieb er dabei – verglichen etwa mit dem *Weissbuch* Münzenbergs – zurückhaltend.

Andererseits durchschaute Heiden im Juli 1934 weitere Aspekte des Dritten Reiches deutlich genauer als die Zeitgenossen – so schilderte er die Herrschaftsmethode des Diktators treffend als »ziemlich lässig«; Hitler sei »kein Mann des Entweder-Oder, sondern des Sowohl-Als-Auch, was praktisch meist auf ein Weder-Noch« hinauslaufe.[46] Heute ist dies allgemein anerkannt, aber die seriöse Geschichtswissenschaft rang unter der Leitfrage »starker oder schwacher Diktator« darüber jahrzehntelang.

Auch 90 Jahre später bleibt Heidens Bewertung des 30. Juni 1934 und seiner Folgen treffend: »Über die Unzufriedenheit der SA-Führer hinaus ist nichts bewiesen oder auch nur glaubhaft gemacht. Die Revolte von Bad Wiessee aus, die geplante Besetzung der Regierungsgebäude in Berlin, das angebliche Komplott zwischen Röhm, Strasser und Schleicher unter dem Schuh einer fremden Macht – al-

44 Bredow-Heiden: *Hitler rast*, S. 15, S. 23, S. 34 u. S. 36.
45 Bredow-Heiden: *Hitler rast*, S. 38. u. S. 43.
46 Bredow-Heiden: *Hitler rast*, S. 64, S. 79 u. S. 82.

les innerlich so unglaubwürdig, so unbewiesen und vor allem in sich so widerspruchsvoll, dass man den Schwindel auf den ersten Blick merkt. Eine Behauptung Hitlers hebt die andere auf.«[47]

*

Der in dieser Neuausgabe enthaltene Text folgt weitestgehend, bis auf stillschweigend korrigierte eindeutige Druckfehler, der Originalausgabe von Juli 1934. Kommentar, Nachwort und Bildunterschriften hingegen sind in aktueller Rechtschreibung verfasst. Die Kommentierung beruht auf dem aktuellen Forschungsstand zum angeblichen Röhm-Putsch von Februar 2024.

Das ursprüngliche Cover der Broschüre *Hitler rast* ist zu Beginn dieses Nachworts abgebildet. Es handelt sich um eine unprofessionelle, ästhetisch dem Inhalt nicht adäquate Bastelarbeit – offenbar gab es bei der *Volksstimme* in Saarbrücken niemanden, der eine hochwertige Collage anfertigen konnte. Deshalb ist das Titelbild der Neuausgabe neu gestaltet; es orientiert sich an den Erfordernissen des Buchhandels und heutiger Leser. Darauf ist Hitler in einer bereits zeitgenössisch als Postkarte vertriebenen, also als typisch wahrgenommenen Rednerpose zu sehen.

Dagegen zeigt die hier abgebildete Fotomontage von John Heartfield (1891–1968, Pseudonym von Helmut Herzfeld), wie hervorragend schon zeitgenössisch solche Collagen aussehen konnten. Sie erschien in Willi Münzenbergs *Arbeiter-Illustrierte-Zeitung* am 12. Juli 1934, entstand also parallel mit den frühestens Teilen von Heidens Broschüre.

47 Bredow-Heiden: *Hitler rast*, S. 87.

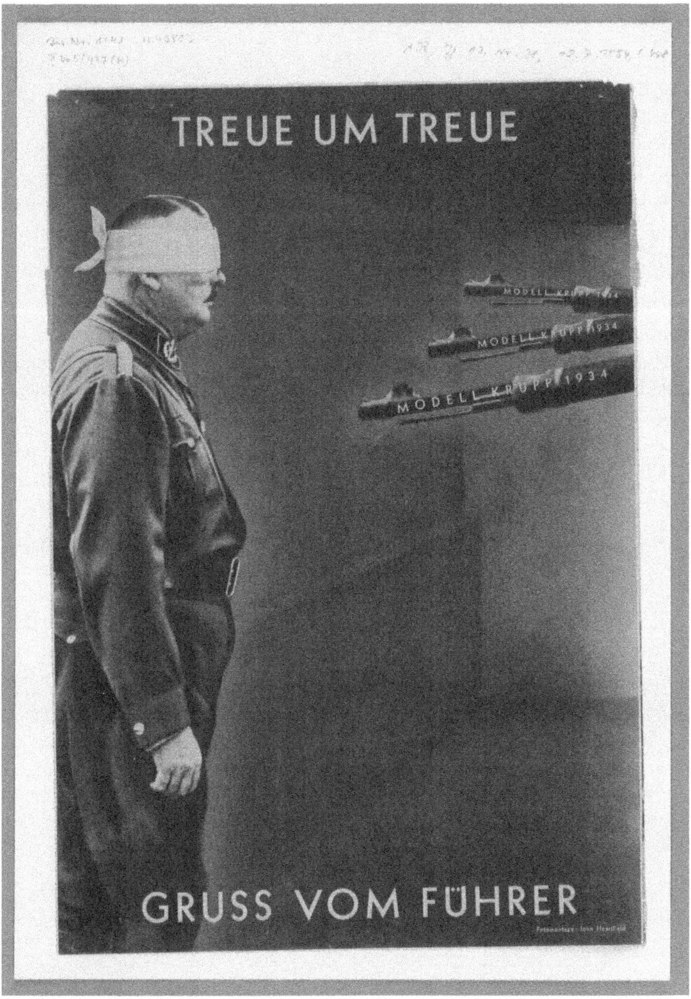

John Heartfield, Treue um Treue. Gruß vom Führer. Blatt aus der Zeitschrift *Arbeiter-Illustrierte-Zeitung* (AIZ), Jg. XIII, Nr. 28, 12. Juli 1934, Kupfertiefdruck, 41,9 × 30 cm. Akademie der Künste, Berlin, Kunstsammlung, Inventar-Nr.: JH 1341 (© The Heartfield Community of Heirs / VG Bild-Kunst, Bonn 2024)

Kommentar

S. 7, ZEILEN 1–3: Derartige Bilder Hitlers mit Kindern gab es in großer Vielfalt, in Illustrierten etwa und als Postkarten. Welches Bredow-Heiden vor Augen hatte, als er diese Bemerkung schrieb, ist nicht zu eruieren.

S. 7, ZEILEN 22–24: Solche und ähnliche Formulierungen benutzte Hitler in seinen Reden vielfach. Da gerade die früheren Tiraden oft nur in paraphrasierenden Berichten überliefert sind, lässt sich die Rede, auf die Heiden anspielt, nicht feststellen – wenn er überhaupt eine konkrete Ansprache meinte.

S. 8, ZEILEN 5–8: Um einen Streit über die Gründerrechte der NS-Bewegung ging es bei dem Konflikt im Sommer 1934 nie. Entscheidend war vielmehr die Frage, welche Rolle die SA in Zukunft spielen solle.

S. 9, ZEILEN 1–4: Die Nationalversammlung, die zunächst im Nationaltheater in Weimar getagt hatte, um der aufgeheizten Stimmungslage in der Reichshauptstadt zu entgehen, beriet nach Verabschiedung der neuen Reichsverfassung im August 1919 seit Ende September 1919 im Reichstagsgebäude in Berlin. Darauf bezieht sich Heiden; ein regulärer Reichstag der Republik wurde erst am 6. Juni 1920 gewählt.

S. 9, ZEILEN 18–21: Vgl. Hancock: *Ernst Röhm*, S. 27–46.

S. 10, ZEILEN 4–8: Vgl. Röhm: *Geschichte eines Hochverräters*, S. 100 f.

S. 10, ZEILEN 9–13: Bredow-Heiden vermied es, den Namen des »Jemands« zu erwähnen – es handelte sich um den ehemaligen Reichswehr-Hauptmann Karl Mayr (1883–1945), der Hitler 1919/20 stark gefördert, sich aber im Herbst 1921 vom völkischen Rechtsextremismus distanziert hatte. Mayr trat 1925 der SPD bei und bekämpfte Hitler publizistisch; er war fortan direkt oder indirekt eine wichtige Quelle für Hitler-Kritiker, wohl auch für Heiden. 1933 emigriert, 1940 im besetzten Frankreich festgenommen und ins KZ Buchenwald verschleppt, dort nach viereinhalb Jahren verstorben.

S. 10, ZEILEN 21–24: Vgl. Kellerhoff: *Die NSDAP*, S. 35–50.

S. 11, ZEILEN 1–4: Vgl. Röhm: *Geschichte eines Hochverräters*, S. 108–112.

S. 11, ZEILE 11: Vgl. Kellerhoff: *Die NSDAP*, S. 68 f.

S. 11, ZEILEN 16–17: Eine »Filiale der bayerischen Reichswehr« war die NSDAP nie. Im Gegenteil musste Röhm sogar bei der Reichswehr im September 1923 seinen Abschied nehmen, weil er wegen seines unerwünscht starken Engagements für die NSDAP nach Berlin versetzt werden sollte.

S. 11, ZEILEN 23–25: Bredow-Heiden spielte an auf die Konfrontation Hitlers mit Otto Ballerstedt (1887–1934), dem Gründer des Bayernbunds. Am 14. September 1921 hatten Nationalsozialisten mit Hitler an der Spitze gewaltsam eine Veranstaltung des Bayernbunds im Münchner Löwenbräukeller gestört und Prügeleien provoziert; dabei wurde Ballerstedt verletzt. Hitler erhielt am 12. Januar 1922 wegen Landfriedensbruchs und Körperverletzung drei Monate Haft, von denen zwei Drittel allerdings bei guter Führung zur Bewährung ausgesetzt waren. So verbüßte er von Ende Juni bis Ende Juli 1922 lediglich vier Wochen in Stadelheim. Ballerstedt wurde am 30. Juni 1934 ermordet. Vgl. Kellerhoff: *»Röhm-Putsch!« 1934*, S. 123 u. S. 237.

S. 12, ZEILEN 7–13 Bredow-Heiden meinte die Anfang 1923 aufgedeckte Fuchs-Machhaus-Verschwörung. Ein ehemaliger Redakteur der *Münchner Neuesten Nachrichten* namens Georg Fuchs (1868–1949) sowie Hugo Machhaus (1889–1923), 1920/21 für etwa ein halbes Jahr erster Chefredakteur des *Völkischen Beobachters* nach dem Kauf durch die NSDAP, standen seit Mitte 1921 in Kontakt mit dem französischen Nachrichtendienstoffizier Augustin Xavier Richert (1879–1975). Für den Aufbau einer gemeinsamen deutsch-französischen Bewegung gegen den Bolschewismus in Deutschland und für eine Abspaltung Bayerns vom Reich erhielten die beiden beträchtliche Summen an Devisen. Ab Mitte 1922 weihten Fuchs und Machhaus mehrere Anführer der Vaterländischen Verbände sowie Offiziere des Wehrkreises VII in ihre Überlegungen ein. Karl Mayr erfuhr davon und informierte Ernst Röhm einen Tag vor dem für den 1. März geplanten Putsch. Fuchs, Machhaus und andere wurden verhaftet und wegen Hoch- sowie Landesverrats angeklagt. Machhaus erhängte sich vor dem Prozess im Sommer 1923; sein Suizid blieb aber rätselhaft, denn unüblicherweise für einen Untersuchungsgefangenen war ihm sein Gürtel gelassen worden. Vgl. Heiden: *Hitler*, S. 246f. sowie Gordon: *Hitlerputsch 1923*, S. 191.

S. 12, ZEILEN 17–19: Bredow-Heiden meinte den Publizisten Edmund Dene Morel (1873–1924), einen britischen Abgeordneten französischer Herkunft, der als irrlichternder Protestpolitiker mit zugleich teilweise sozialistischen, teilweise rassistischen sowie stark antifranzösischen Überzeugungen bekannt wurde. Als glänzender Redner hatte er im Wahlkampf 1922 sogar Winston Churchill geschlagen. Morel erlag seiner geschwächten Gesundheit.

S. 13, ZEILEN 5–10: Weder Machhaus noch Morel und auch nicht französisches Geld spielten eine nennenswerte Rolle für die Tätigkeit der NSDAP 1923. Vgl. Kellerhoff: *Die NSDAP*, S. 88–101.

S. 13, ZEILEN 13–18: Hier verbreitete Bredow-Heiden eine haltlose verschwörungstheoretische Spekulation.

S. 14, ZEILEN 4–5: Vgl. Kellerhoff: *Der Putsch*, S. 230–243 u. S. 269–281.

S. 14, ZEILEN 6–9: Bredow-Heiden meint mit »Schulz« den SA-Arzt Walter Schultze (1894–1979). Vgl. Kellerhoff: *Der Putsch*, S. 279.

S. 14, ZEILEN 11–14: Vgl. Gruchmann/Weber/Gritschneder (Hrsg.): *Der Hitler-Prozess*, Bd. 3, S. 931–990.

S. 14, ZEILEN 16–22: Dies entsprach Bredow-Heidens grundsätzlicher Bewertung Hitlers, die aber falsch war.

S. 14, ZEILEN 26–31: Alexander Glaser (1884–1934) wurde am Abend des 30. Juni 1934 von unbekannten Tätern wohl der SS niedergeschossen und starb wenige Tage später an den erlittenen Verletzungen: Der Hintergrund war wohl seine Zusammenarbeit mit Gregor Strasser, jedoch nicht eine Tätigkeit 1923. Vgl. Kellerhoff: *»Röhm-Putsch!« 1934*, S. 124 u. S. 255.

S. 15, ZEILEN 1–3: Gustav Krupp von Bohlen und Halbach (1870–1950) hatte sich lange geweigert, die NSDAP zu unterstützen, gab die Haltung aber im Februar 1933 auf. Fritz Thyssen (1873–1951) hatte die NSDAP eigenen, wahrscheinlich unzutreffenden Angaben zufolge 1923, vor allem aber seit 1930 unterstützt, allerdings weit weniger, als seinerzeit kolportiert wurde. Turner: *Die Großunternehmer*, S. 322 u. S. 393–395 (Krupp) u. S. 71, S. 180 u. S. 260–264 (Thyssen).

S. 15, ZEILEN 7–10: Vgl. zu den von Bredow-Heiden genannten Fememorden Hofmann: *»Verräter verfallen der Feme!«*, S. 56–61, S. 50–52, S. 61–65 u. S. 66–74.

S. 15, ZEILEN 20–21: Vgl. zu Franz Gürtner (1881–1941) und seiner Rolle in den 1920er-Jahren Gruchmann: *Justiz im Dritten Reich*, S. 16–57.

S. 16, ZEILEN 10–12: So sein bürgerlicher Name; bekannt war Klintzsch (1898–1959) als Hans Ulrich. Bredow-Heiden irrte, was den Zeitpunkt seiner Festnahme angeht: Klintzsch wurde nicht nach dem Mord an Rathenau Ende Juni 1922 verhaftet, sondern nach dem Mord am Matthias Erzberger im August 1921.

S. 16, ZEILEN 12–15: Eine Paraphrase der Rede ist abgedruckt bei Jäckel/Kuhn (Hrsg.): Hitler, S. 559 f.

S. 16, ZEILEN 23–28: Vgl. zu Heß' Rolle am 9. November 1923 Görtemaker: *Der Stellvertreter*, S. 144–153 sowie Kellerhoff: *Der Putsch*, S. 279 f.

S. 16, ZEILEN 29–31: Vgl. Neliba: *Frick*, S. 25–40.

S. 17, ZEILEN 12–16: Röhm: *Geschichte eines Hochverräters*, S. 116.

S. 17, ZEILEN 17–18: Die Umstände des Unfalltodes von Ernst Pöhner (1870–1925) am 11. April 1925, wenige Monate nach dessen Übertritt von der NSDAP-Nachfolgeorganisation Nationalsozialistische Freiheitspartei zur DNVP, sorgten seinerzeit für öffentliche Diskussionen und verwickelten Hitler in peinliche polizeiliche Ermittlungen. Möglicherweise als Flucht nach vorn widmete der NSDAP-Chef in seinem Bekenntnisbuch *Mein Kampf* einen von nur zwei nachrufartigen Textabschnitten Pöhner; darin hieß es, der ehemalige Polizeipräsident sei »der einzige höhere Staatsbeamte« gewesen, »der schon damals den Mut besaß, erst Deutscher und dann Beamter zu sein. Er war der einzige, der nicht um die Gunst der Massen buhlte als vielmehr sich seinem Volkstum verantwortlich fühlte und bereit war, für die Wiederauferstehung des von ihm über alles geliebten deutschen Volkes alles, auch – wenn nötig – seine persönliche Existenz auf das Spiel zu setzen und zu opfern. Er war denn auch immer der lästige Dorn in den Augen jeder käuflichen Beamtenkreaturen, denen nicht das Interesse ihres Volkes und die notwendige Freiheitserhebung desselben als vielmehr der Befehl des Brotgebers das Gesetz des Handelns vorschreibt, ohne Rücksicht auf das Wohl des ihnen anvertrauten nationalen Gutes.« Zit. n. Hartmann: *Hitler – Mein Kampf*, Bd. 1, S. 941.

S. 17, ZEILEN 18–22: Vgl. Röhm: *Geschichte eines Hochverräters*, S. 311 f.

S. 19, ZEILEN 2–6: Zahlreiche Berichte der Münchner Polizeidirektion von 1919/20 belegen, dass Hitler bereits sehr früh instinktiv die Emotionen der Zuhörerschaft in Münchens Bierkeller traf; vgl. StA München Polizeidirektion München 6697 f. Indirekt bestätigt wird das durch seine Ernennung zum »Propagandaobmann« der DAP. Offenbar verschmolz Bredow-Heiden hier zwei verschiedene Episoden: Einerseits machte Hitlers Fotograf Heinrich Hoffmann (1885–1957) vor August 1927 eine Serie von Rednerposen Hitlers, die in der NS-Presse und ab 1928 als sechsteilige Postkartenmappe verbreitet wurde (siehe Abbildung auf dem Cover dieses Buches) und sehr einstudiert wirkte. Andererseits gab es immer wieder Gerüchte, Hitler ließe sich von Schauspielern unterweisen. Auch wenn vereinzelte derartige Lektionen nicht mit letzter Gewissheit ausgeschlossen werden können, so war es doch sicher kein regulärer Unterricht. Das Gerücht schlug sich außer bei Bredow-Heiden etwa auch bei Bert Brecht in dessen Schauspiel »Der aufhaltsame Aufstieg des Arturo Ui« nieder; außerdem wurde es der Ausgangspunkt des wohl um 1970 gefälschten angeblichen Tagebuchs von Devrient: *Mein Schüler Adolf Hitler*.

S. 20, ZEILEN 4–6: Vgl. Kellerhoff: *Der Putsch*, S. 75–79.

S. 20, ZEILEN 11–12: Vgl. Kellerhoff: *Der Putsch*, S. 83–88.

S. 20, ZEILEN 13–15: Tatsächlich hatte Röhm mit Hitlers Entscheidung, am 27. September 1923 die politische Führung des Kampfbunds zu übernehmen, der nur eine Minderheit der bayerischen Wehrverbände umfasste, nichts zu tun.

S. 21, ZEILEN 1–3: Das korrekte Zitat lautet entsprechend dem Wortprotokoll des Prozesses: »Eine militärische Spitze hatte er (der Kampfbund, sfk) schon in Kriebel erhalten und in einer Besprechung, die, wie mir scheint, am 21., 23. September (1923, sfk) irgendwie stattfand, wurde Adolf Hitler von Heiß und Weber zum politischen Führer des Kampfbundes bestimmt.« Gruchmann/Weber/Gritschneider (Hrsg.): *Der Hitler-Prozess*, Bd. 2, S. 369–406.

S. 22, ZEILEN 13–18: Röhm: *Geschichte eines Hochverräters*, S. 312.

S. 22, ZEILE 19: Anfang 1925 zählte Joseph Goebbels (1897–1945) ausweislich seiner eigenen tagebuchartigen Aufzeichnungen noch nicht zur näheren Umgebung Hitlers; das änderte sich erst im Verlauf des folgenden Jahres.

S. 22, ZEILEN 24–28: Röhm: *Geschichte eines Hochverräters*, S. 314.

S. 22, ZEILE 29: Von Hitler bekam Röhm keine Antwort, von anderen Adressaten verschiedener Schreiben zu seinem Abschied sehr wohl. Vgl. Röhm: *Geschichte eines Hochverräters*, S. 315.

S. 23, ZEILEN 23–29: Bredow-Heiden übertrieb die tatsächlichen Kontakte stark; vgl. Turner: *Die Großunternehmer*, S. 174–190 u. Kellerhoff: *Die NSDAP*, S. 191–194.

S. 24, ZEILEN 4–5: Vermutlich eine stark verkürzte Anspielung auf eine Antwort, die Schacht auf eine Anfrage der *Deutschen Allgemeinen Zeitung* Ende Dezember 1930 machte.

S. 24, ZEILEN 16–18: Vgl. Kellerhoff: *Die NSDAP*, S. 238–240.

S. 25, ZEILEN 9–11: Röhm hatte in der Nacht zum 13. Januar 1925 im »Marien-Casino« in Berlin einen Jugendlichen namens Hermann Siegesmund (* 1907, Todesdatum unbekannt) an seinen Tisch gebeten. Nach einigen Gläsern Bier forderte Röhm den 17-Jährigen auf, »den Rest der Nacht mit ihm in seinem Hotelzimmer zu verbringen«; Siegesmund willigte ein. Eigenen Angaben zufolge saßen Röhm und er »noch angekleidet im Hotelzimmer«, als ein Zettel auf den Boden fiel, den der Jugendliche aufhob und einsteckte: ein Gepäckschein. Kurz darauf verließ Siegesmund das Zimmer, weil Röhm »mir widernatürlichen Geschlechtsverkehr abverlangte«. Ob es sich um eine Falle handelte und der Jugendliche von vornherein einen Diebstahl begehen wollte oder ob er lediglich die Gelegenheit nutzte, wurde nie geklärt. Jedenfalls holte er mit dem Schein einen Koffer ab. Nicht gerechnet hatte Siegesmund damit, dass der als führender Teilnehmer des Novemberputschs 1923 bekannte Röhm den Diebstahl anzeigen würde. Da aber Siegesmund selbst aussagte, es sei nicht zu »widernatürlicher Unzucht« gekommen, sondern er habe vorher das Hotelzimmer verlassen, lag kein Verstoß gegen den Paragrafen 175 vor; der Dieb erhielt eine Haftstrafe und Röhm sein Gepäck zurück. Vgl. Kellerhoff: *»Röhm-Putsch!« 1934*, S. 30 f. u. S. 267.

S. 25, ZEILEN 28–31: Vgl. Klotz: *Der Fall Röhm*, S. 2–10.

S. 26, ZEILEN 15–17: Wegen Röhms homosexueller Neigung echauffierten sich Anfang der 1930er-Jahre gerade linke NS-Gegner eindeutig homophob, neben Bredow-Heiden etwa auch zahlreiche SPD-Blätter.

S. 27, ZEILEN 1–2: Edmund Heines (1897–1934) wurde 1927 aus der NSDAP ausgeschlossen – allerdings nicht wegen seiner homosexuellen Neigung, sondern weil er eine Rebellion Münchner SA-Leute gegen die NSDAP-Spitze angeführt hatte. Dabei ging es darum, dass die Partei zu gemäßigt und zu bürokratisch sei.

S. 27, ZEILEN 6–9: Tatsächlich saß Heines 1928/29 knapp 16 Monate wegen Verstrickung in Fememorde in Untersuchungshaft und kehrte nach seiner Freilassung als durch den Prozess »geadelter« Nationalsozialist in Partei und SA zurück.

S. 27, ZEILEN 10–15: Hier bezog sich Bredow-Heiden auf homophobe Gerüchte. Allerdings waren Rudolf Heß (1894–1987), Hans Frank (1900–1946) und Baldur von Schirach (1907–1974) allesamt verheiratet und hatten Kinder.

S. 27, ZEILEN 31–33: Hans Walter Schmidt (1912–1934) war ein enger Vertrauter und wohl auch Liebhaber von Heines; für den Vorwurf, er habe seinem Vorgesetzten Gespielen zugeführt, gibt es keine Belege.

S. 28, ZEILEN 1–16: Heinz Bäßler (1898?–1933) trat öffentlichkeitswirksam Mitte Juni 1931 aus der NSDAP sowie der SA aus und warf seinem vormaligen Vorgesetzten Werner von Fichte (1896–1955) anschließend bei KPD-Veranstaltungen vor, mindestens 3000 Reichsmark unterschlagen zu haben. Bäßler wurde 1933 ermordet; Fichte saß im Sommer 1934 wegen seiner Verbindung zu Röhm zwei Wochen im KZ und wurde danach in den vorläufigen Ruhestand versetzt.

S. 28, ZEILEN 20–26: Bredow-Heiden irrte. Die Erklärung stammte tatsächlich vom 1. August 1931 und lautete: »Der *Berliner-Tageblatt*-Schwindler berichtet, daß ich mich von meinem Stabschef Röhm zu trennen gedenke, bzw. den Bruch vollzogen habe, daß ich Major Pabst an seine Stelle setzen werde und daß dies auf Zureden meiner ›kapitalistischen Gönner‹ geschehe. Da ich annehme, daß der kleine Schwindler damit den Wunsch als Vater seiner Gedanken hat, kann ich ihm um so leichter den Weg zur Wahrheit öffnen. Hauptmann Röhm bleibt mein Stabs-Chef. Major Pabst wird nicht mein Stabs-Chef.« Tatsächlich hatte Hitler Waldemar Pabst (1880–1970), besser bekannt als Verantwortlicher für die Morde an Karl Liebknecht und Rosa Luxemburg 1919, nach dessen Angaben nie ein Angebot gemacht, die SA zu übernehmen.

S. 29, ZEILEN 4–16: *Völkischer Beobachter* v. 1. Januar 1934.

S. 29, ZEILE 23 – S. 30, ZEILE 7: Bredow-Heiden verkürzt hier sehr; tatsächlich lautet die vollständige Stelle in Röhm: *Geschichte eines Hochverräters*, S. 235–237: »Nichts ist verlogener als diese sogenannte Moral der Gesellschaft; mit keinem Begriff wird mehr Schindluder getrieben. Ich stelle vorweg fest, daß ich nicht zu den Braven gehöre und keinen Ehrgeiz habe, ihnen zugesellt zu werden, Zu den »Moralischen« will ich aber schon gar nicht zählen, denn ich habe die Erfahrung gemacht, daß es mit der »Moral« dieser »Moralischen« meist nicht allzu weit her ist.

Vor lauter »Moral« kennt man sich gar nicht mehr aus. Aber gerade diejenigen, die nach außen von Moral geradezu triefen, sind entweder heimlich recht gern unmoralisch oder sie wären es, ach, so gerne, wenn sie nur Gelegenheit fänden.

Ich lasse dahingestellt, ob nicht eine Kokotte, die ihr Gewerbe öffentlich bekennt, sittlich höher steht, als so manche Moralästheten, die ihr wahres Wesen nach außen verleugnen. Wenn gar die sogenannten Staatsmänner, Volksführer usw. in Moral machen, ist es meist ein Beweis dafür, daß ihnen nichts Besseres einfällt, und daß sie das, was sie eigentlich schaffen sollten, nicht wirken können.

Daß völkische Kreise, die völkische Presse und völkische Führer auch in dieses abgeleierte Jammerhorn blasen, um der Gesellschaft ihren Kotau zu machen, will mir nicht gefallen. Revolutionär erscheint mir diese Prüderie gewiß nicht, sondern bis zum Aberdruß abgeschmackt und reaktionär. Diese Übung sollen sie doch ruhig den Scheldhaltern der heutigen bürgerlichen Gesellschaftsordnung überlassen.

Bei einer gewissen Sorte »völkischer« Literaten, die meist nicht im Felde waren und den Krieg vom sicheren Port aus ›erlebten‹, kann dies freilich nicht wundernehmen. Der Krieg für ›Kultur‹ und ›Moral‹ ist eben bei weitem bequemer und ungefährlicher, als die männermordende Feldschlacht, wobei zeitweise auch hergeschossen werden soll. Außerdem sieht es doch so gut aus!

Der Soldat wendet sich von dieser Art unwahrer Moral mit Abscheu ab.

Ich habe im Felde den Soldaten nicht darnach beurteilt, ob er den moralischen Anforderungen der bürgerlichen Gesellschaft entsprach, sondern darnach, ob er ein

Kerl war oder nicht. Ich kann mir nicht helfen, ein sogenannter unmoralischer Mensch, der etwas leistet, ist mir lieber, als ein ›moralischer‹, der nichts leistet.

In keinem Belang sündigt die sogenannte Gesellschaft mehr und stiftet größeren Schaden als gerade in diesem. Selbstmorde der Besten sprechen eine nur zu deutliche Sprache.

Wenn gar durch die sich mehrenden Schülerselbstmorde diese Gesellschaft der patentierten Moral aus ihrem selbstgefälligen Schlummer aufgeschreckt wird, dann schilt sie mit frommem Augenaufschlag über die Sittenverwilderung der heutigen Jugend.

Dazu muß auch ein Wort gesagt werden. Und zwar ganz kurz: es ist einfach nicht wahr, daß der Großteil der Jugend, d. h. also heute besonders die proletarische Masse, schlechter ist als früher. Nein: trotz der Nachwirkungen des Krieges, trotz Ernährungs- und Wohnungselend, trotz erzwungener Arbeitslosigkeit — alles Dinge, an denen diese Gesellschaft, und nicht die Jugend, die Schuld trägt —, hat diese Jugend ihre hohen Ideale und tritt für sie freudig und offen ein. Die Jungmannschaften in der NSDAP, in den Wehrverbänden und auch in den proletarischen Selbstschutzverbänden bezeugen dies.

Was diese Jungen nicht können, ist etwas anderes: Sie finden sich in der doppelten Moral der bürgerlichen Philister nicht zurecht und vermögen Wahrheit und Irrtum nicht mehr zu scheiden. Nur selten steht ihnen ein Lehrer zur Seite, der nicht nur Wissen und Weisheit, sondern auch das Herz ihnen erschließt. Der verrostete Schulmeister aber wird sich darauf beschränken, nach geschehenem Unglück durch sein salbungsvolles und unfehlbares Urteil über eine »verderbte Jugend«, die er nicht kennt, noch weniger versteht, den aufhorchenden Spießer wieder einzudämmern.

In Wahrheit sind diese Tragödien das furchtbare Ergebnis einer gesellschaftlichen Ordnung, die an Stelle gesunder Anerkennung natürlicher Vorgänge und Erkenntnisse Heuchelei, Lüge, Verstellung, Prüderie und unangebrachte Entrüstung vorschreibt.

Von dem Mute der Ehrlichkeit und Wahrhaftigkeit haben diese Pharisäer wirklich keinen Hauch verspürt!

Nimmt gar der Staat für sich das Recht in Anspruch und glaubt, durch Gesetze, menschliche Triebe regeln oder in andere Bahnen lenken zu können, so erscheint mir das so laienhaft und zweckwidrig, daß ich mich wundern müßte, wenn eben nicht die Gesetzgeber dieses Staates die Hüter dieser Gesellschaftsordnung wären. Denn daß durch staatliche Eingriffe in die Bestimmung des Menschen die Familie geschützt oder mehr Kinder erzeugt werden, ist doch eine Begründung, die selbst die Nachtwächter dieses sonderbaren ›Freistaates‹ sich nicht zu eigen machen werden.

›Wahn, Wahn, überall Wahn!‹, um mit Richard Wagners Hans Sachs zu sprechen!«

S. 31, ZEILEN 2–3: Tatsächlich waren es knapp sechs Jahre.

S. 31, ZEILEN 9–14: Die SA arbeitete 1931/32 tatsächlich auf oberen Rängen nicht mit der Reichswehr zusammen – im Gegenteil grenzten sich große Teile des Reichswehr-Offizierskorps deutlich ab von der als proletarisch verachteten SA. Vor

Ort gab es manchmal Kooperationen, die aber in der Regel von Vorgesetzten nicht gefördert wurden.

S. 31, ZEILEN 15–18: Hitler strebte eigentlich an, selbst zum Reichspräsidenten gewählt zu werden. Allerdings unterlag er im Frühjahr 1932 zweimal dem Amtsinhaber Paul von Hindenburg, den alle Parteien außer NSDAP und Kommunisten unterstützten. Die Ernennung zum Reichskanzler eines Präsidialkabinetts war Hitlers Meinung nach nur der zweitbeste Weg an die Macht.

S. 32, ZEILEN 1–4: Kurt von Schleicher konspirierte nicht mit Röhm, den er persönlich verabscheute, sondern mit Gregor Strasser (1892–1934), dem ehemaligen Reichsorganisationsleiter der NSDAP.

S. 32, ZEILEN 4–6: Oskar von Hindenburg (1883–1960) war der einzige Sohn Paul von Hindenburgs. Er diente offiziell als erster Adjutant seines Vaters, war aber weitgehend ein Versager.

S. 32, ZEILEN 18–22: Gemeint ist hier die stark bearbeitete tagebuchartige Publikation *Vom Kaiserhof zur Reichskanzlei*, die mit dem eigentlichen Text von Goebbels' tagebuchartigen Notizen wenig gemeinsam hatte, die allerdings auch selbst keine subjektiv ehrliche Reflexion waren, sondern eher eine Materialsammlung für künftige Veröffentlichungen.

S. 32, ZEILEN 25–32: Goebbels: *Vom Kaiserhof zur Reichskanzlei*, S. 93; Bredow-Heiden kürzte das Zitat ohne Nachweis. Die originale Stelle im eigentlichen Tagebuch lautet: »Röhm und Helldorf kommen mit Neuem. Wir beraten noch mit dem Chef bis 5 Uhr. Ello ist zum Essen da. Große Debatte. Dann gehen die Drei zur Besprechung: mit Schleicher, Meißner und Sohn von Hindenburg. Grausames Warten. Ich fahre mit meinem neuen Wagen hinaus. Ein Wunderwerk der Technik. Endlich kommen sie wieder. Es wird Sekt getrunken. Alles gut gegangen. Chef hat überzeugend geredet. Brüning soll diese Woche noch fallen: Der Alte wird ihm das Vertrauen entziehen. Schleicher macht sich stark dafür. Meißner war gut, nur der junge Hi. etwas doof. Dann kommt ein Präsidialkabinett. Reichstag aufgelöst. Die Zwangsgesetze fallen. Wir haben Agitationsfreiheit und liefern unser Meisterstück. Eine Woche Vorbereitung, eine Woche große Italienreise, zwei Wochen Riesenkampf. Mit Flugzeuggeschwader eine Provinz nach der anderen. So ist es geplant. Hoffentlich halten die drei Wort. Kein Mensch ahnt auch nur etwas. Ich bin gespannt, aber noch nicht misstrauisch. Wenn's gelingt, dann hat Röhm sein Meisterstück gemacht. Chef ausgelassen lustig. Nur nicht zu früh freuen und skeptisch bleiben.« Fröhlich (Hrsg.): *Die Tagebücher von Joseph Goebbels*. Bd. 2/II, S. 276.

S. 33, ZEILEN 2–4: Franz von Papen (1879–1969) hielt sich selbst für einen hochbegabten Politiker, bestand aber aus wenig mehr als unbegründetem Selbstbewusstsein und wurde eigentlich von allen Menschen in seinem Umfeld verachtet. Trotzdem hatte er 1932 bis 1934 wegen seiner zeitweiligen Nähe zu Reichspräsident Paul von Hindenburg politisch erheblichen Einfluss.

S. 33, ZEILEN 4–6: Paul von Hindenburg (1847–1934), zweiter und letzter Reichspräsident der Weimarer Republik.

S. 33, ZEILEN 20–22: Andeutungen dieser Art machte Schleicher möglicherweise; allerdings ist unklar, worauf er sich bezog, wenn es sich nicht doch nur um Gerüchte handelte.

S. 33, ZEILEN 30–31: General a.D. Kurt von Schleicher (1882–1934) war der letzte Reichskanzler der Weimarer Republik. Bekannt ist er aber vor allem als »graue Eminenz« der Reichswehr ab etwa 1928. Alfred Hugenberg (1865–1951) war Konzernlenker und reaktionärer Politiker, 1933 erster Wirtschaftsminister im Kabinett Hitler.

S. 35, ZEILEN 10–15: Im Gegenteil erhielt Hitler vor 1933 nur ausnahmsweise und auf Einzelinitiative Geld von Industriellen. Vgl. Turner: *Die Großunternehmer*, S. 174–190 u. Kellerhoff: *Die NSDAP*, S. 191–194.

S. 35, ZEILEN 24–28: Dispositionsentwurf o. D. [22. November 1925], zit. n. Kühnl: *Zur Programmatik*, S. 324–332.

S. 35, ZEILEN 28–31: Tatsächlich wollte Strasser jede Konfrontation mit Hitler vermeiden und ruderte deshalb zurück. Vgl. Kellerhoff: *Die NSDAP*, S. 124–128.

S. 37, ZEILEN 18–19: In Wirklichkeit war Hitler zu keinem Zeitpunkt »in den Händen seiner kapitalistischen Geldgeber« – schon deshalb, weil es keine nennenswerte Unterstützung aus der Großindustrie für die NSDAP gab.

S. 37, ZEILE 30 – S. 38, ZEILE 1: Vgl. Kellerhoff: *Die NSDAP*, S. 220–223.

S. 38, ZEILEN 8–10: Die angebliche Hitler-Äußerung entstammt einer Abrechnung von Otto Strasser (1897–1974), die im Sommer 1930 erschien. Vgl. Strasser: *Ministersessel oder Revolution?*, S. 12–14.

S. 38, ZEILEN 18–20: Otto Strasser löste den ihm persönlich gehörenden Kampfverlag zum 1. Oktober 1930 auf, weil er insolvent war.

S. 38, ZEILEN 23–27: Bredow-Heiden erkannte diese Facette von Hitlers Charakter genauer als praktisch alle Zeitgenossen.

S. 38, ZEILE 28 – S. 39, ZEILE 1: *Reichstagsprotokolle* 1932, S. 2510C–2521A.

S. 39, ZEILEN 12–15: Vgl. Kissenkoetter: *Strasser*, S. 123–192.

S. 40, ZEILEN 1–2: Bredow-Heiden beschrieb erstaunlich korrekt die Umstände, die erst 2019 aufgrund bislang unbekannter Quellen detailliert rekonstruiert werden konnten. Vgl. Pyta/Orth: *Nicht alternativlos*, S. 400–444.

S. 41, ZEILEN 4–6: Anspielung auf die »Adolf-Hitler-Spende der deutschen Wirtschaft«, die allerdings erst im Frühjahr 1933 eingeführt worden war. Mit Hitlers persönlichen Schulden hatte sie nichts zu tun, denn z. B. seine Steuerschulden, die im dritten Quartal 1934 genau 405.494,40 Reichsmark betrugen, wurden nie bezahlt, sondern vom Reichsfinanzministerium und dem Präsidenten des Landesfinanzamts München 1935 niedergeschlagen. Vgl. Kellerhoff: *»Mein Kampf«*, S. 220 f.

S. 41, ZEILEN 11–12: Anspielung auf den Osthilfeskandal 1932/33, der tatsächlich Hindenburg erheblich unter Druck setzte. Vgl. *Vorwärts* v. 25. Februar 1933 u. Bracher: *Die Auflösung der Weimarer Republik*, S. 618–621.

S. 41, ZEILE 21: Vgl. zu den tatsächlichen Zusammenhängen Weßling: *Hindenburg, Neudeck und die deutsche Wirtschaft*, S. 41–73.

S. 42, ZEILEN 31–34: Bredow-Heiden meint Oskar von Hindenburg.

S. 43, ZEILEN 9–11: Vgl. zur Ideologie der NSDAP Kellerhoff: *Die NSDAP*, S. 129–138.

S. 43, ZEILEN 25–27: Bredow-Heiden kam hier der Herrschaftsweise Hitlers näher als selbst die meisten Historiker bis zur Debatte um den »schwachen« oder »starken« Diktator Hitler in den 1980er-Jahren. Vgl. Funke: *Starker oder schwacher Diktator?*, passim.

S. 44, ZEILEN 9–10: Tatsächlich entschied sich Alfred Hugenberg (1865–1951) selbst zum Rücktritt. Goebbels notierte am 24. Juni 1933 über die Kabinettssitzung am Vortag: »Hugenberg erleidet eine furchtbare Niederlage. Er bekommt vom Kabinett nicht die geforderte Bewilligung, Posse von London zurückzuziehen. Dann wird er wegen seines Kolonialmemorandums abgeseift. Alles nimmt an, er tritt zurück. Aber er denkt nicht daran.« Am 28. Juni ergänzte er: »Hugenberg hat seinen Rücktritt erbeten. (…) Kabinett. Hitler teilt Fall Hugenberg mit. Niemand weint.« Fröhlich (Hrsg.): *Die Tagebücher von Joseph Goebbels*. Bd. 2/III, S. 214 u. S. 217.

S. 44, ZEILEN 25–28: Hitler sprach am 2. Juli auf einer Führertagung von SA, SS und Stahlhelm in Bad Reichenhall (*Völkischer Beobachter* v. 3. Juli 1933), am 6. Juli vor den Reichsstatthaltern in Berlin (*Völkischer Beobachter* v. 8. Juli 1933), am 9. Juli auf einem SA-Treffen in Dortmund (*Völkischer Beobachter* v. 11. Juli 1933) und am 12. Juli vor den Gauleitern und weiteren Funktionären (*Völkischer Beobachter* v. 14. Juli 1933).

S. 44, ZEILEN 29–31: RGBl I 1934, S. 45–56.

S. 45, ZEILEN 17–19: Bredow-Heiden konnte sich hier nicht von hergebrachten Deutungsmustern lösen; die grundlegend andere Qualität von Hitlers Denken erkannte er nicht.

S. 45, ZEILE 33 – S. 46, ZEILE 1: Viele deutsche Zeitungen druckten seit den 1920er-Jahren den Wirtschaftsteil nicht wie den politischen Teil in Fraktur-, sondern in Antiqua-Schrift.

S. 46, ZEILEN 4–7: Das Zitat ist in den Quellen über das Kölner Gespräch nicht nachweisbar.

S. 47, ZEILEN 4–6: Wunschdenken des Mitte 1934 zeitweise einem moderaten Sozialismus zuneigenden Bredow-Heiden. Er hatte das eigenständige Konzept des »Sozialismus der Front« nicht durchschaut, sondern blieb im marxistisch geprägten Verständnis stecken.

S. 47, ZEILE 32 – S. 48, ZEILE 4: Nationalsozialismus war radikaler Antimarxismus, jedoch nicht Antisozialismus.

S. 48, ZEILE 28 – S. 29, ZEILE 1: Den propagandistischen Wert des Projekts Reichsautobahn erkannte Bredow-Heiden nicht.

S. 49, ZEILEN 10–13: Tatsächlich gab es 1934 Versorgungsengpässe in Deutschland, unter anderen bei Fleisch, Butter, Schmalz, Eiern, aber auch bei Kleidung, Schuhen und anderen Gütern.

S. 49, ZEILEN 13–19: Bredow-Heiden spielte vermutlich an auf die Preisüberwachung, die ab Mitte April 1934 für Textilien sowie Leder galt und in den folgenden Monaten auf weitere Rohstoffe wie Metalle ausgedehnt wurde. Eine Verordnung vom 16. Mai 1934 bestimmte, dass die Preise für lebenswichtige Gegenstände und Leistungen zur Befriedigung des täglichen Bedarfs ohne Einwilligung der zuständigen Preisüberwachungsstelle nicht »zum Nachteil des Verbrauchers verändert werden« durften.

S. 49, ZEILEN 20–33: Die Auswirkung der veränderten Prioritäten zugunsten der Rüstung wurden erst ab 1935 wirklich spürbar. Nun galt das Motto »Kanonen statt Butter« (ähnlich formuliert von Goebbels im Januar 1936, genau in diesem Wortlaut von Rudolf Heß 11. Oktober 1936), demzufolge viel Geld in die Rüstung statt in den Ausbau der Nahrungsversorgung investiert wurde. So musste die Fleischerinnung Berlin im November 1935 erstmals Bezugsscheine für Schmalz und Fett verteilen. Eier wurden so knapp, dass aus dem Ausland importierte Ware als Reserve zurückgelegt wurde. Als in den folgenden Monaten vermehrt verdorbene Eier auf den Markt kamen, ärgerten sich viele Deutsche über diese Art von »Vorsorge«.

S. 50, ZEILEN 1–2: Tatsächlich gab es im Frühjahr 1934 zwar nicht mehr rund sechs Millionen Arbeitslose in Deutschland, aber immer noch deutlich mehr als drei Millionen. Die offiziell für Juni 1934 gemeldete Zahl von 2,5 Millionen war durch Tricks (wie das Herauslösen einzelner Branchen aus der Statistik) geschönt worden.

S. 50, ZEILEN 15–18: Vgl. *Deutscher Reichsanzeiger und Preußischer Staatsanzeiger* v. 15. Juni 1934.

S. 50, ZEILEN 19–24: Im Mai und Juni 1934 agitierte der Propagandaapparat der NSDAP konzentriert gegen »Miesmacher und Kritikaster«. Goebbels selbst hielt mehrere entsprechende Reden, auch Hitler beteiligte sich mit zwei Ansprachen und einigen öffentlichen Erklärungen. Ziel war es, »insbesondere gegen die Miesmacher und Kritikaster, gegen die Gerüchtemacher und Nichtskönner, gegen Saboteure und Hetzer« vorzugehen, »die immer noch glauben, die klare Aufbauarbeit des Nationalsozialismus stören zu können«. *Nationalsozialistische Partei-Korrespondenz* v. 3. Mai 1934.

S. 51, ZEILEN 11–12: Bredow-Heiden drückt sich hier missverständlich aus; gemeint sind »Quälereien an den Marxisten«, wie der gemeinsame, diffamierende Oberbegriff der Nationalsozialisten für Kommunisten und Sozialdemokraten lautete.

S. 51, ZEILEN 24–25: Hinter der Marburger Rede Papens steckte ein an sich gut konzipierter Versuch der Umgebung des Vizekanzlers, einen Staatsstreich von oben auszulösen; Papen selbst war nicht eingeweiht, denn er wurde von den Köpfen seines Amtes ohnehin verachtet. Vgl. Kellerhoff: *»Röhm-Putsch!« 1934*, S. 67–77.

S. 52, ZEILEN 5–6: Vgl. den originalen Sonderdruck (Sammlung Kellerhoff), der identisch ist mit der Abschrift in *IMT*, Bd. XL, S. 543–558.

S. 53, ZEILEN 3–6: Die Schätzung von Bredow-Heiden ist eher zu niedrig. Im Frühsommer 1934 gehörte etwa jeder fünfte erwachsene deutsche Mann zur SA. Nach dem Aufnahmestopp der NSDAP, gültig seit dem 1. Mai 1933, traten viele Opportunisten der SA bei, weil sie sich von der Zugehörigkeit zu einer Organisation der Hitler-Bewegung Vorteile versprachen. Hinzu kam die geschlossene Übernahme des ehemals konkurrierenden Verbands Stahlhelm mit mehr als 500.000 Veteranen. Durch die enorme Zunahme bis auf 4,5 Millionen Männer (etwa eine Verneunfachung gegenüber dem Jahreswechsel 1932/33) war die Struktur der SA nun sehr disparat.

S. 53, ZEILEN 11–14: Hier erlag Bredow-Heiden Wunschdenken; es gibt so gut wie keine Beispiele für ein derartiges Kalkül.

S. 53, ZEILEN 24–27: Bredow-Heiden verstand das Kalkül der Trennung zwischen Parteimitgliedern und SA-Leuten nicht. Vgl. Kellerhoff: *Die NSDAP*, S. 271–282.

S. 53, ZEILEN 28–29: Die SA war 1933/34 ein Quell der Unruhe, aber nicht aus den von Bredow-Heiden angenommenen Gründen. Vgl. Kellerhoff: *»Röhm-Putsch!« 1934*, S. 39–63.

S. 54, ZEILEN 8–10: Für die seit dem 30. Januar 1933 steil ansteigende Zahl von Neumitgliedern der NSDAP kursierten schnell Spitznamen wie »Konjunkturritter« oder »Maiveilchen«, doch sie setzten sich ebenso wenig durch wie zwei Jahre zuvor die Prägung »Septemberlinge« für jene Mitglieder, die nach dem Erfolg bei der Reichstagswahl am 14. September 1930 eilig der NSDAP beigetreten waren. Sehr erfolgreich wurde hingegen die Prägung »Märzgefallene«, eigentlich der respektvoll gemeinte Name für die 270 Toten der Berliner Barrikadenkämpfe im März 1848.

S. 54, ZEILEN 21–28: Tatsächlich setzte Röhm trotz des offiziell verkündeten Endes der »nationalsozialistischen Revolution« im Sommer 1933 seinen Kurs fort, die SA zu einer bewaffneten Volksmiliz auszubauen.

S. 56, ZEILEN 12–14: Hier irrt Bredow-Heiden: Die Masse der SA-Leute verfügte nicht persönlich über Waffen. Gerade deshalb versuchte die SA-Führung 1933/34 auf allen möglichen Wegen und an der Reichswehr vorbei, Waffen aus dem Ausland zu beschaffen.

S. 56, ZEILEN 15–17: Man muss unterscheiden zwischen der SA-Feldpolizei Berlin, die am 24. Februar 1933 aufgestellt worden war und neben der Bekämpfung von Regimegegnern auch Ordnungsaufgaben gegenüber Mitgliedern der verschiedenen NSDAP-Formationen übernahm, Görings Feldjägerkorps (aufgestellt zum 1. Oktober 1933) und dem SA-Feldjägerkorps, das auf Ernst Röhms Initiative eine Woche später entstand. Görings Truppe, die nur teilweise personell identisch war mit der vorherigen SA-Feldpolizei, wurde neben der Landespolizeigruppe Wecke z. b. V. eine der Keimzellen des späteren Regiments Göring, die wiederum zum Kern aller Fallschirmeinheiten der Wehrmacht wurde.

S. 57, ZEILEN 2–4: Bredow-Heiden unterschätzte wie die meisten Zeitgenossen die Fähigkeiten und den Durchsetzungswillen Himmlers massiv.

S. 57, ZEILEN 5–7: Himmler leitete seit März 1933 die Polizei im zweitgrößten Land Bayern; ab Herbst 1933 übernahm er schrittweise die entsprechenden Polizeiabteilungen in allen kleineren Ländern, zuerst in Hamburg, dann in Lübeck, Mecklenburg, Württemberg und Baden und den teilweise sehr kleinen zwölf weiteren, formal weiter existierenden Gliedstaaten. Anfang April 1934 befehligte er die gegenüber anderen Polizeibehörden meist weisungsbefugte Politische Polizei überall außer in Preußen. Am 20. April übertrug ihm Göring zusätzlich die Leitung der Geheimen Staatspolizei in Preußen – eine Folge des Machtkampfs zwischen Göring und Reichsinnenminister Wilhelm Frick.

S. 59, ZEILEN 2–5: Die Berufung Röhms zum Reichsminister ohne Geschäftsbereich erfolgte zum 1. Dezember 1933, gleichzeitig mit Rudolf Heß.

S. 59, ZEILEN 8–9: Bredow-Heiden meinte Anfang Januar 1934; der bewusste Brief datierte vom 1. Januar 1934 – ein Hinweis auf die Eile, mit der er den Text verfasste.

S. 59, ZEILEN 20–24: Hier kam Bredow-Heiden durcheinander. Tatsächlich hatte die SA rund 315.000 jüngere Stahlhelm-Mitglieder ab Juli 1933 direkt als »Wehrstahlhelm« in die eigenen Reihen integriert, was mehrere Monate dauerte; sie hatten in der Regel nicht mehr am Ersten Weltkrieg teilgenommen. Als »SA-Reserve I« wurden bis September 1933 die 36- bis 45-jährigen Mitglieder des Stahlhelms, also die eigentlichen Frontveteranen der Jahre 1914 bis 1918, mit der eigenen Struktur der SA-Führung unterstellt. Die Älteren, ebenfalls vielfach Weltkriegsveteranen, bildeten ebenfalls mit der eigenen Organisation fortan die »SA-Reserve II«. Vgl. Berghahn: *Der Stahlhelm*, S. 267–270.

S. 60, ZEILEN 12–13: Dieses Ziel galt seit Dezember 1933. Bis März 1938 sollte das stehende Heer auf 21 Divisionen ausgebaut werden, das nach dem Prinzip der Drittelung im Mobilisierungsfall auf 63 Divisionen ausgebaut werden konnte.

S. 60, ZEILEN 15–16: Bredow-Heiden irrte – im Frühjahr 1934 standen etwa 180.000 Reichswehrsoldaten offiziell oder informell unter Waffen.

S. 60, ZEILEN 17–23: Vgl. Kellerhoff: *»Röhm-Putsch!« 1934*, S. 23 f.

S. 61, ZEILEN 8–9: Werner von Blomberg (1878–1946) war Karriereoffizier und seit 1933 als Vertrauter des Reichspräsidenten Paul von Hindenburg Reichswehrminister. Tatsächlich hatte Hitler sich bereits Ende Februar 1934 eindeutig auf die Seite der Reichswehr gestellt.

S. 61, ZEILEN 12–13: Das angebliche Zitat Röhms ist nicht belegt.

S. 61, ZEILEN 14–15: Hier irrte Bredow-Heiden. Röhm ging am 7. Juni 1934 in Urlaub, also mehr als fünf Wochen nach dem nicht belegten Zusammenstoß mit Blomberg. Ein Zusammenhang kann daher ausgeschlossen werden.

S. 61, ZEILEN 17–20: *Reichstagsprotokolle* 1933, S. 47B–58B.

S. 62, ZEILEN 4–6: Eine unzutreffende Spekulation Bredow-Heidens.

S. 62, ZEILEN 11–13: Der Besuch Joachim von Ribbentrops (1893–1946) fand am 16. Juni 1934 statt, doch die Auflösung der SA bot der »Sonderbotschafter für Abrüstungsfragen« seinem Gesprächspartner, Frankreichs Außenminister Louis Barthou (1862–1934), dabei nicht an. Vielmehr versuchte Reichsaußenminister Konstantin von Neurath (1873–1956) im ersten Halbjahr wiederholt, beim britischen und beim französischen Botschafter in Berlin, Sir Eric Phipps (1875–1945) und André François-Poncet (1887–1978), Sorgen zu zerstreuen, indem er die SA kleinredete – erfolglos.

S. 62, ZEILEN 15–17: Für diese immer wieder angeführte, angeblich »nahezu fünfstündige« Besprechung zwischen Hitler und Röhm unter vier Augen Anfang Juni 1934 gibt es keinen Beleg außer Hitlers eigener Erklärung im Reichstag (*Reichstagsprotokolle* 1934, S. 28D).

S. 63, ZEILEN 1–9: *Völkischer Beobachter* v. 8. Juni 1934.

S. 63, ZEILEN 30–31: Nicht belegt; es dürfte sich um homophobe Kolportage handeln, denn tatsächlich reiste Röhm aus Berlin über München nach Bad Wiessee.

S. 64, ZEILEN 17–19: Julius Uhl (1903–1934) war der Chefleibwächter von Röhm und angeblich 1932 sowohl als Opfer eines Mordkomplotts vorgesehen wie als Täter einer anderen Verschwörung gegen Hitler. Zumindest in letzterem Fall dürfte es sich um eine freie Erfindung handeln.

S. 64, ZEILE 26–28: Vgl. zur wirklichen Geschichte des Reichtagsbrands Kellerhoff: *Der Reichstagsbrand*, S. 387–63.

S. 65, ZEILEN 1–4: Bredow-Heiden erliegt hier dem Pseudoargument »Cui bono? – Wem nützt es?«, das allerdings immer nur spiegelt, was derjenige, der es benutzt, sowieso annimmt.

S. 65, ZEILEN 5–6: Tatsächlich war der Begriff »Zweite Revolution« und die Sorge davor in der Regierung Hitler bereits seit 12. Juli 1933 allgemein bekannt, als der *Völkische Beobachter* eine entsprechende Warnung von Reichsinnenminister Wilhelm Frick (1877–1946) abdruckte.

S. 65, ZEILEN 16–20: Rezipiert wurde diese Warnung offenbar erst nach dem 30. Juni 1934; vgl. *Hakenkreuzbanner* v. 3. Juli 1934.

S. 65, ZEILEN 21–22: 1929/30 hatte Röhm in Bolivien als militärischer Berater gearbeitet.

S. 65, ZEILEN 32–33: Heß war nicht Hitlers »intimster Berater«, eher sein willkommener Helfer für die Organisation der Partei.

S. 66, ZEILEN 8–10: Für eine quellengestützte Rekonstruktion der Ereignisse vgl. Kellerhoff: *»Röhm-Putsch!« 1934*, S. 7–13 u. S. 99–157.

S. 67, ZEILEN 3–5: Reinhard Heydrich (1904–1942) war 1930 als Oberleutnant zur See unehrenhaft aus der Reichsmarine entlassen worden.

S. 67, ZEILEN 23–25: Beim angeblichen »Attentat« in der Schorfheide handelte es sich um ein Missverständnis. Tatsächlich durchschlug auf der Fahrt etwas die Frontscheibe von Himmlers Wagen. Der SS-Chef nahm sofort ein Attentat auf sich an, angeblich Revolverschüsse, während Hitler vermutete, er selbst habe das Ziel des angeblichen Anschlags sein sollen. Verletzt wurde niemand (irrtümlich meldeten die Deutschland-Berichte der SoPaDe eine »schwere Verwundung« Himmlers durch einen »Schuss in den Arm«, angeblich eine Information »aus Kreisen der SS«. Vgl. *Deutschland-Berichte der SoPaDe* Juni / Juli 1934, S. A3), auch gab es weder Verdächtige noch gar Festnahmen. Die Ermittlungen zeigten, dass gar kein Geschoss die Windschutzscheibe durchschlagen hatte, sondern ein Stein, aufgewirbelt vermutlich durch das hohe Tempo des Wagens bei der Fahrt über einen unbefestigten Waldweg. Doch Himmler glaubte nicht daran und verdächtigte zwei SA-Führer, die er selbst kurz zuvor aus der Gestapo-Zentrale in Berlin nach Breslau strafversetzt hatte. Die beiden ausführlichsten Darstellungen des »Schorfheide-Attentats« stammen von unzuverlässigen Zeitzeugen, dem ersten Gestapo-Chef Rudolf Diels und dem Gestapo-Beamten Hans-Bernd Gisevius; Letzterer behauptete, den originalen Ermittlungsbericht an sich genommen haben, der nicht mehr aufzufinden ist. Vgl. Diels: *Lucifer ante Portas*, S. 73 u. Gisevius: *Bis zum bitteren Ende*, Bd. 1, S. 197f. Da es aber weitere, in Details abweichende, im Grundsatz jedoch ähnliche Zeugnisse gibt, ist an der Tatsache des vermeintlichen Attentats nicht zu zweifeln; vgl. Dietrich: *Zwölf Jahre mit Hitler*, S. 183 u. Linge: *Bis zum Untergang*, S. 28.

S. 68, ZEILEN 21–22: Tatsächlich weilte Hitler vom 24. bis 26. Juni 1934 auf dem Obersalzberg und nahm keine öffentlichen Termine wahr.

S. 69, ZEILEN 3–6: In der Nacht zum 30. Juni 1934 versammelten sich Münchner SA-Leute auf dem Königsplatz; vgl. Kellerhoff: *»Röhm-Putsch!«* 1934 S. 95.

S. 69, ZEILEN 11–15: In Wirklichkeit handelte es sich lediglich um drei oder vier Personenwagen. Die aus Berlin angeforderten Abteilungen der Leibstandarte SS waren auf dem Weg, begleiteten Hitler aber nicht. Dass ein Panzerwagen der Münchner Polizei (ein umgebauter Lastwagen mit Schutzblechen und einem MG) im Einsatz gewesen sei, war ein Gerücht.

S. 69, ZEILEN 16–17: Zwar beschrieb Bredow-Heiden Hitlers Vertraute Christian Weber (1883–1945) und Emil Maurice (1897–1972) im Wesentlichen korrekt, doch beide waren an der Festnahme in Bad Wiessee nicht beteiligt, sondern hatten Hitler lediglich auf dem Flugplatz erwartet und waren dann mit ihm ins Innenministerium in München gefahren.

S. 69, ZEILE 31 – S. 70, ZEILE 2: Röhm besaß kein Landhaus am Tegernsee; er war in der Pension Hanselbauer abgestiegen.

S. 70, ZEILEN 10–11: In Wirklichkeit führte Maurice zu dieser Zeit Festnahmen von SA-Führern am Münchner Hauptbahnhof durch.

S. 70, ZEILEN 14–16: Bredow-Heiden irrte sich – Edmund Heines wurde am frühen Abend des 30. Juni 1934 in München-Stadelheim erschossen.

S. 70, ZEILEN 18–23: Röhm erhielt am späten Nachmittag des 1. Juli 1934 tatsächlich eine Pistole mit einer Patrone in seine Zelle 474 in Stadelheim gelegt, benutzte sie aber nicht. Daraufhin erschossen ihn der Kommandant des KZ Dachau Theodor Eicke (1892–1943) und der Chef der dortigen Wachmannschaften Michael Lippert (1897–1969), der auch den »Gnadenschuss« auf den am Boden liegenden SA-Stabschef abgab.

S. 70, ZEILEN 23–24: Tatsächlich wurde August Schneidhuber (1887–1934) in München-Stadelheim erschossen; er hatte sich aus der Gruppe der wartenden Todeskandidaten vorgedrängt und beteuerte noch, als er bereits an der Exekutionswand stand, seine Unschuld.

S. 71, ZEILEN 7–12: Über den Ablauf der Erschießung gibt es zwei einander ausschließende Versionen. Nach der einen lehnte Karl Ernst (1904–1934) es ab, sich die Augen verbinden zu lassen, und nutzte seine eigene Hinrichtung für eine dramatische Inszenierung. Mit den Worten »Es lebe Deutschland!« riss er demnach trotz der Fesseln mit den Händen das Hemd über seiner Brust auf und rief den Schützen zu: »Trefft gut, Kameraden!« Nach der Darstellung eines anderen Augenzeugen allerdings wurde Ernst schwer verwundet vor das Peloton geschleppt. Dort soll er sich auf die Knie geworfen, seine Unschuld beteuert und Hitler schreiend »Treue« gelobt haben. Dann fielen die Schüsse. Vgl. Kellerhoff: *»Röhm-Putsch!« 1934*, S. 119f. u. S. 136.

S. 71, ZEILEN 13–15: Bredow-Heiden lag richtig: Die Fülle voneinander abweichender und teilweise einander ausschließender Details über einzelne Morde lässt höchstens eine schlüssige, keinesfalls aber eine vollständige oder gar widerspruchsfreie Rekonstruktion zu.

S. 71, ZEILE 16–18: Röhm hatte die SA-Führung auf Verlangen Hitlers am 28. Juni 1934 kurzfristig zum 30. Juni nach Bad Wiessee einbestellt. Vgl. Kellerhoff: *»Röhm-Putsch!« 1934*, S. 88 u. S. 101f.

S. 72, ZEILEN 5–11: Die Bredow-Heinen unbekannte, auch mutmaßlich erst etwa zeitgleich mit seinem Text aufgeschriebene Darstellung Viktor Lutzes (1890–1943) lässt keine Zweifel, dass Hitler persönlich die Versammlung anordnete; vgl. Siemens (Hrsg.): *Rechtfertigung und Selbsterhöhung*, S. 393.

S. 72, ZEILEN 17–18: Hier irrte Bredow-Heiden.

S. 72, ZEILEN 27–29: Diese falschen Alarmierungen am späten Nachmittag des 29. Juni 1934 gab es tatsächlich: Zwischen 17 und 19 Uhr wurden die Mitglieder mehrerer SA-Einheiten in München per Handzettel aufgefordert, sich mit Rucksack sowie Wäsche und Verpflegung in ihren jeweiligen Sturmlokalen einzufinden; die Dauer sei nicht bekannt. Ein V-Mann der Reichswehr berichtete, dass wenig später Gewehre verteilt worden seien, ebenso Platzpatronen. Ungefähr die Hälfte der Mitglieder erschien auf die Alarmierung hin, dazu einige Braunhemden anderer Einheiten. Der Befehl auf den Zetteln lautete, sich um 22 Uhr bewaffnet zum Appell auf dem Oberwiesenfeld einzufinden – doch dort war rein gar nichts vorbereitet.

S. 72, ZEILEN 29–32: Anders als in München gab es in Berlin nichts Derartiges.

S. 73, ZEILEN 8–9: Tatsächlich war Ernst mit seiner Frau auf dem Weg in die verspäteten Flitterwochen.

S. 73, ZEILEN 18–19: Bredow-Heiden irrte – die SA hatte um den oder bald nach dem 30. Juni 1934 tatsächlich rein gar nichts vor.

S. 73, ZEILEN 26–28: Ein Folgefehler. Da Bredow-Heiden nicht wusste, dass tatsächlich Hitler die SA-Führertagung einbestellt hatte, kam er zu dieser Überlegung.

S. 74, ZEILEN 10–12: Schleicher hatte tatsächlich 1932/33 konspiriert, um Hitlers Position in der NSDAP zu unterminieren, allerdings nicht mit Röhm, sondern mit Gregor Strasser, dem gerade zurückgetretenen Reichsorganisationsleiter der NSDAP. Auch nach seiner Absetzung als Kanzler hielt Schleicher Kontakte in verschiedene Kreise des Berliner Ministerialapparats, darunter zum Stab des Vizekanzlers von Papen, obwohl der seit Dezember 1932 sein Todfeind war, und zu internationalen Diplomaten, vor allem zum Botschafter Frankreichs in Berlin, André François-Poncet. Dabei äußerte Schleicher sich in einer »unvorsichtigen Art«, wie ein Bekannter notierte: »Er sagte oft Dinge, die er gar nicht ernst meinte, nur aus der Freude an Kritik oder scharf zugespitzten Sätzen.« Ein ehemaliger enger Mitarbeiter erinnerte sich ähnlich an Schleichers Auftreten: »In der Stille seines Ruhesitzes begleitete er die Entwicklung des Dritten Reiches mit scharfer Kritik, die bei seinem Freimut der Äußerung wohl nicht immer auf den Kreis enger Vertrauter beschränkt blieb.« Vgl. Kellerhoff: *»Röhm-Putsch!« 1934*, S. 55f., S. 59, S. 159f. u. S. 162.

S. 74, ZEILE 27 – S. 75, ZEILE 4: Es überrascht, dass Bredow-Heiden offenbar mit dem Namen Georg von Detten (1887–1934) nichts anzufangen wusste, denn das Reichstagshandbuch enthielt seit der Ausgabe 1932 vollständige und korrekte Angaben. Detten war Abteilungschef der Obersten SA-Führung in Berlin; da er – wiewohl aus katholischer Familie – wegen seiner Eheschließung zum evangelischen Bekenntnis konvertiert war, nahm er schon daher nicht »als katholischer Beauftragter der Partei an den Verhandlungen mit den Bischöfen über die Durchführung des Konkordats teil«. Bredow-Heiden verwechselte Georg von Detten mit dessen älterem Bruder Hermann (1879–1954), der tatsächlich im Februar 1934 eine »Abteilung für kulturellen Frieden« bei Rudolf Heß übernommen hatte, die auch als »Ausgleichsstelle für kulturellen Frieden« bekannt wurde.

S. 75, ZEILEN 5–6: Bredow-Heiden meinte Werner von Alvensleben (1875–1947), einen zwielichtigen Ex-Offizier und Mittelsmann.

S. 75, ZEILEN 8–9: Präsident des Deutschen Herrenklubs war Bodo von Alvensleben (1882–1961), der jüngere Bruder von Werner von Alvensleben.

S. 75, ZEILEN 12–17: Die Rolle Werner von Alvenslebens Ende Januar 1933 ist nicht gänzlich aufzuklären; am wahrscheinlichsten war er ein undurchsichtiger Vermittler, der sich der »Kontaktpflege« um ihrer selbst willen verschrieben hatte. Aufgrund seines Namens hatte er Zugang zu vielen Prominenten aus dem konservativen und reaktionären Lager, antichambrierte bei Hugenberg und Hitler ebenso wie bei Papen. Er versuchte auch, Kurt von Schleicher zu umgarnen, vor allem mit Schmeicheleien und vielen Briefen, die vermeintliche Interna aus politischen Kreisen enthielten, die er tatsächlich aber nur vom Hörensagen kannte. In Schleichers Umkreis galt Alvensleben als »kaum erträglicher Wichtigtuer«, und einmal war es sogar dem General selbst zu viel geworden. Am 3. März 1931 verbat er sich Alvenslebens Agieren in seinem Namen. Allzu lange aber währte die Unterbrechung der Beziehung nicht; im letzten Jahr der Weimarer Republik wurde Alvensleben wieder als offiziöser Mittelsmann Schleichers wahrgenommen.

S. 76, ZEILEN 20–24: Ferdinand von Bredow (1884–1934) war ein enger Vertrauter Kurt von Schleichers und unmittelbar nach Hitlers Ernennung zum Reichskanzler am 30. Januar 1933 freigestellt worden; seither stand er unter besonderer Beobachtung. Im Januar 1934 hatte die Gestapo ihn vor einer geplanten Reise nach Paris verhaftet, aber er wurde nach Blombergs Intervention wieder freigelassen. Im März 1934 absolvierte Bredow seine geplante Frankreich-Visite dann tatsächlich, allerdings misstrauisch verfolgt.

S. 76, ZEILE 27 – S. 77, ZEILE 1: Tatsächlich waren sowohl Schleicher als auch Röhm gelegentlich mit François-Poncet zusammengekommen, und beide standen auch nicht unter Observation, wie Bredow-Heiden annahm.

S. 77, ZEILEN 8–14: *Reichstagsprotokolle* 1934, S. 31C.

S. 77, ZEILEN 25–28: Bredow-Heiden verwechselte hier das Hausmädchen des Ehepaars Schleicher, das tatsächlich Augenzeugin des Doppelmords wurde, mit der Stieftochter des Generals a. D. Lonny von Schleicher (1919–2014).

S. 78, ZEILEN 7–10: Bredow-Heiden meinte Kurt Jahncke (1898–1962), der 1933 bis 1936 die Pressestelle des Reichsministeriums für Volksaufklärung und Propaganda leitete.

S. 78, ZEILEN 22–25: Erich Klausener (1885–1934) war Ministerialbeamter und wurde wegen seiner früheren Rolle als Polizeireferent im Preußischen Innenministerium sowie wegen seiner aktuellen Funktion als katholischer Funktionär am 30. Juni 1934 ermordet. Gustav von Kahr (1862–1934) hatte 1923 den Hitler-Putsch scheitern lassen und war seither ein Todfeind Hitlers; er wurde im KZ Dachau ermordet. Edgar Julius Jung (1894–1934) war der Kopf der Anti-Hitler-Fronde in der Vizekanzlei und benutzte als Redenschreiber den einfältigen Papen geschickt für seine Zwecke. Walther Schotte (1886–1958) war ein Vertrauter Papens und Reaktionär; er wurde am 30. Juni 1934 festgenommen, aber nicht erschossen. Mit »Franz Beck« dürfte Fritz Beck gemeint gewesen sein, der Leiter des Münchner Studentenwerks (1889–1934); vgl. *Deutsche Freiheit* v. 12. Juli 1934; der einzige bekannte Franz Beck im weiteren Umfeld Röhms war der Schwager (Lebensdaten unbekannt) des am 30. Juni 1934 ermordeten Wirtes des Münchner Bratwurstglöckle Karl Zehnter, der jedoch nicht festgenommen wurde und dessen Kinder das Lokal 1977 übernahmen. Adolf Morsbach (1890–1937) war Funktionär des Deutschen Akademischen Austauschdiensts gewesen und Hitler-Gegner; er wurde 1934 festgenommen und nach mehreren Wochen wieder aus dem KZ Dachau entlassen – fälschlich aber in der *Deutschen Freiheit* v. 12. Juli 1934 als Todesopfer genannt. Herbert von Bose (1893–1934) war Pressechef in der Vizekanzlei und neben Edgar Julius Jung der Kopf der Fronde in Papens Umfeld; er wurde am 30. Juni 1934 ermordet.

S. 78, ZEILEN 28–29: Bredow-Heiden konnte nicht wissen, dass es im Umfeld Papens tatsächlich eine Fronde gab; vgl. Orth: *»Der Amtssitz der Opposition«?*, passim.

S. 79, ZEILEN 3–6: Tatsächlich trat Göring am 7. April 1933 die Nachfolge Papens als Ministerpräsident an, nicht im März.

S. 79, ZEILEN 9-28: Die Kolportage begegnet wohl zum ersten Mal in einem Artikel in der *Deutschen Freiheit* v. 4. Juli 1934. Ein solches Tagebuch Papens ist allerdings nicht belegt.

S. 80, ZEILEN 6–9: Meldung des Berliner Büros der Nachrichtenagentur *Associated Press*, gedruckt u. a. in: *Christian Science Monitor*, *New York Herald Tribune* u. *New York Times* v. 28. Juni 1934.

S. 80, ZEILEN 10–12: Gemeint ist Franz-Josef Heinz, nach seinem Heimatdorf Heinz-Orbis genannt (1884–1924). Tatsächlich führte Jung den erfolgreichen Mordanschlag am 9. Januar 1924 an und wurde dabei selbst leicht verletzt.

S. 80, ZEILEN 21–22: Bredow-Heiden meinte Adalbert Probst (1900–1934), Reichsführer eines katholischen Jugendverbandes und Vertrauensmann des Jungkreises; am 1. Juli 1934 in Braunlage festgenommen und wenig später erschossen.

S. 81, ZEILEN 10–12: Klausener war nie Staatssekretär.

S. 81, ZEILE 32 – S. 82, ZEILE 2: Solches »Material« gab es nie; Bredow-Heiden erliegt der Verschwörungstheorie um die angebliche »Nazi-Täterschaft« beim Reichstagsbrand.

S. 82, ZEILEN 5–6: Bredow-Heiden meinte Franz Janich (1895–nach 1967), der tatsächlich Klauseners Mitarbeiter gewesen war und 1933/34 kurzzeitig zur Gestapo gehört hatte, dann aber ins Landwirtschaftsministerium versetzt und 1937 aus dem Staatsdienst verabschiedet wurde.

S. 82, ZEILEN 21–23: Die »Oberfohren-Denkschrift« war eine Fälschung im Zuge der Exil-KPD-Kampagne um den Reichstagsbrand; vgl. Kellerhoff: *Der Reichstagsbrand*, S. 71–76.

S. 82, ZEILE 28 – S. 83, ZEILE 2: *Reichstagsprotokolle* 1934, S. 28A.

S. 83, ZEILE 18: Bredow-Heiden erkannte aus dem Exil nicht, dass Göring mit der Übergabe der Gestapo an Heinrich Himmler am 20. April 1934 einen zentralen Teil der eigenen Macht aus den Händen gegeben hatte.

S. 83, ZEILEN 28–29: Bredow-Heiden wusste eigentlich, dass die Gestapo nicht mehr zu Görings Hausmacht zählte (vgl. o. S. 57). Diese Bemerkung ist daher kryptisch.

S. 84, ZEILEN 7–8: Die Motive für den Mord an Gregor Strasser sind ungeklärt. Am 1. Februar 1934 hatte er das goldene Parteiabzeichen der NSDAP verliehen bekommen. Am 18. Juni schrieb er beinahe ängstlich, ja weinerlich einen Brief an Rudolf Heß und versicherte, sich seit seinem Ausscheiden aus der NSDAP im Dezember 1932 nie wieder politisch betätigt zu haben und dies auch in Zukunft nicht tun zu wollen. Ferner bestritt er jede Verbindung zu seinem in Prag lebenden Bruder Otto.

S. 84, ZEILEN 9–12: Anfang Juli 1934 stellte die Gestapo eine »amtliche Todesliste« mit 77 Namen zusammen, die bald um weitere 6 Namen auf 83 Namen erweitert wurde; weitere 5 belegte Namen kamen durch historische Forschungen der 1980er- und 1990er-Jahre hinzu. Schon am 7. Juli 1934 hatten Zeitungen über insgesamt 255 getötete Personen spekuliert, Ende Oktober 1934 dann über etwa 1000. Das *Neue Wiener Journal* nannte die Zahl 1184. Die Autoren des im Herbst 1934 in Paris veröffentlichten *Weißbuchs über die Erschießungen vom 30. Juni 1934* behaupteten, Gewissheit zu besitzen, dass mehr als 1000 Personen während der Röhm-Affäre umgebracht worden seien, doch sie nannten nur 113 davon namentlich, von denen aber fast 20 nachweislich nicht ermordet worden waren.

S. 84, ZEILEN 12–16: Bredow-Heiden erlag hier einer Verschwörungstheorie.

S. 84, ZEILEN 23–24: Beim Tod von Wilhelm Eduard »Willi« Schmid (1893–1934) handelte es sich um ein Missverständnis. Am Abend des 30. Juni 1934 drangen vier uniformierte SS-Leute in seine Wohnung und entführten ihn ins KZ Dachau. Dort wurde er sofort nach der Ankunft erschossen. Zwar stand der Name Schmid mit seiner Adresse auf der Todesliste; allerdings war ein folgenschwerer Fehler geschehen: Bei einer Abfrage des Münchner Melderegisters wenige Tage zuvor war die Anschrift eines gewissen »Schmid« gesucht worden, tätig bei den *Münchner Neuesten Nachrichten*. Offenbar zielte der Suchauftrag auf Paul Schmitt, der als Journalist bei der Zeitung gearbeitet und 1933 versucht hatte, mittels an Rudolf Heß durchgestochener Interna Heinrich Himmler und Reinhard Heydrich wegen ihrer Tätigkeit bei der Bayerischen Politischen Polizei zu belasten. Doch Paul Schmitt war schon im März 1934 aus Deutschland geflüchtet. So geriet die Adresse des Musikkritikers Willi Schmid auf die Liste. Eine Verwechslung mit dem SA-Führer Wilhelm Schmid, der bereits morgens in München festgenommen worden war, ist möglich, aber eher unwahrscheinlich.

S. 85, ZEILEN 3–5: Bredow-Heiden meinte die Opfer Ernestine Zoref (1896–1934) und Gustav von Kahr.

S. 85, ZEILEN 7–8: Der Prozess gegen den DNVP-Politiker Günther Gereke fand 1933/34 statt; es ging um veruntreute Gelder der Wiederwahl-Kampagne für Paul von Hindenburg 1932. In erster Instanz wurde Gereke zu zweieinhalb Jahren Gefängnis verurteilt; nach Berufung wurde das Urteil am 14. Juli 1934 auf zweieinhalb Jahre unter Anrechnung der Untersuchungshaft sowie eine Geldstrafe von 100.000 Reichsmark verändert. Gereke verbüßte die Strafe bis September 1935. In diesem Verfahren war auch Oskar von Hindenburg belastet worden, allerdings blieb das ein Gerücht.

S. 85, ZEILEN 13–14: Anspielung auf den Osthilfe-Skandal; vgl. Bracher: *Die Auflösung der Weimarer Republik*, S. 618–621.

S. 87, ZEILEN 2–3: Das Zitat ist nicht nachweisbar.

S. 87, ZEILE 12: *Reichstagsprotokolle* 1934, S. 28C.

S. 87, ZEILEN 13–20: In dieser Passage durchschaute Bredow-Heiden erstaunlich hellsichtig die Vorgänge.

S. 89, ZEILEN 21–24: Der seit Januar 1933 enorm ansteigende Verkauf von *Mein Kampf* spülte zwar viel Geld in Hitlers Taschen, aber bis 1934 noch nicht mehrere Millionen. Bredow-Heiden durchschaute das vielfältige System der Finanzierung nicht – es setzte sich zusammen aus Abgaben für Hitlers Bildnis, den Einnahmen für *Mein Kampf*, Bezüge der NSDAP, ab dem Tode Hindenburgs am 2. August

1934 auch wieder dem (nun steuerfreien) Gehalt als Nachfolger im nicht neu besetzten Amt des Reichspräsidenten sowie der »Adolf-Hitler-Spende der deutschen Industrie« als flexibel einsetzbarem Reptilienfonds.

S. 89, ZEILE 33 – S. 90, ZEILE 2: Im Sklarek-Skandal 1929 ging es um groß angelegten Betrug und Korruption der drei Brüder Sklarek, die von der Stadt Berlin enorme Kredite aufgenommen hatten und zudem als Exklusivlieferanten der Kommune Dienstkleidung für Krankenhäuser und Fürsorgeeinrichtungen zur Verfügung stellten – allerdings zu weit überhöhten Konditionen. Ermöglicht hatten das hohe Bestechungssummen, möglicherweise auch Erpressung – und ein Pelzmantel für die Frau des Oberbürgermeisters Gustav Böß, den sie ihm für nicht einmal die Hälfte des Wertes geradezu aufgedrängt haben sollen. Böß trat zurück, obwohl er den geldwerten Vorteil gespendet hatte.

S. 91, ZEILE 10: Wunschdenken von Bredow-Heiden. Tatsächlich lenkte Hitler die Emotionen der Bevölkerung erst in die Aufrüstung und dann in eine riskante Außenpolitik, die schließlich zum Zweiten Weltkrieg führte.

S. 93, ZEILEN 3–15: *Völkischer Beobachter* v. 1. Juli 1934.

S. 93, ZEILEN 16–20: *Völkischer Beobachter* v. 2. Juli 1934.

S. 94, ZEILE 1 – S. 95, ZEILE 27: *Kölnische Zeitung* v. 1. Juli 1934.

S. 95, ZEILE 28 – S. 98, ZEILE 5: *Kölnische Zeitung* v. 1. Juli 1934.

S. 98, ZEILE 6 – S. 101, ZEILE 3: *Kölnische Zeitung* v. 1. Juli 1934.

S. 101, ZEILEN 4–7: In diesem Wortlaut nicht nachweisbar.

S. 103, ZEILEN 14–19: *Honnefer Volkszeitung* v. 2. Juli 1934.

S. 103. ZEILEN 24–27 – S. 104, ZEILEN 1–5: *Jeversches Wochenblatt* v. 2. Juli 1934.

S. 104, ZEILEN 11–17: *Dresdner Nachrichten* v. 2. Juli 1934.

S. 104, ZEILEN 21–25: *Dortmunder Zeitung* v. 2. Juli 1934.

S. 105 - S. 108, ZEILEN 1–13: *Berliner Tageblatt* v. 1. Juli 1934.

S. 108, ZEILE 14 – S. 110, ZEILE 26: Vielleicht handelt es sich um Bredow-Heidens eigene Aufzeichnung. Sie entspricht weitgehend, aber nicht völlig der am 12. Juli 1934 in der *Deutschen Freiheit* veröffentlichten Liste.

S. 110, ZEILE 27 – S. 111, ZEILE 20: *Deutsche Freiheit* v. 17. Juli 1934.

S. 111, ZEILE 21 – S. 112, ZEILE 4: *Deutsche Freiheit* v. 10. Juli 1934.

S. 112, ZEILEN 5–16: *Reichstagsprotokolle* 1934, S. 30C.

S. 112, ZEILE 17 – S. 114: Weitgehend wörtlich nach dem originalen Sonderdruck (Sammlung Kellerhoff).

Quellen

Braunbuch II – Dimitroff contra Göring. Enthüllungen über die wahren Brandstifter. Paris 1934.

Devrient, Paul: Mein Schüler Adolf Hitler. München 1975.

Diels, Rudolf: Lucifer ante portas … es spricht der erste Chef der Gestapo. Neuausgabe Stuttgart 1950 (zuerst um 1949).

Dietrich, Otto: Zwölf Jahre mit Hitler. München 1955.

Dodd, William E.: Diplomat auf heißem Boden. Tagebuch des US-Botschafters in Berlin 1933–1938. Berlin (Ost) o. J. [1962].

Eschenburg, Theodor (Hrsg.): Zur Ermordung des Generals Schleicher. In: VZG 1 (1953), S. 71–95.

François-Poncet, André: Als Botschafter in Berlin. Mainz 1949 (zuerst 1948).

Fröhlich, Elke (Hrsg.): Die Tagebücher von Joseph Goebbels. Teil I. Aufzeichnungen 1923–1941. 9 Bde. München 1998–2009.

Gisevius, Hans-Bernd: Bis zum bitteren Ende. 2 Bde. Zürich 1946.

Goebbels, Joseph: Vom Kaiserhof zur Reichskanzlei. Eine historische Darstellung in Tagebuchblättern. München 1934.

Gruchmann, Lothar / Weber, Reinhard / Gritschneder, Otto (Hrsg.): Der Hitler-Prozess 1924. Wortlaut der Hauptverhandlung vor dem Volksgericht München I. 4 Bde. München 1997–2000.

Hartmann, Christian u. a. (Hrsg.): Hitler, Mein Kampf. Eine kritische Edition. 2 Bde. München 2016.

Heiden, Konrad: Geschichte des Nationalsozialismus. Die Karriere einer Idee. Berlin 1932.

Ders.: Geburt des Dritten Reiches. Die Geschichte des Nationalsozialismus bis Herbst 1933. Zürich 1934.

Ders.: Adolf Hitler. Das Zeitalter der Verantwortungslosigkeit. Eine Biografie. Neuausgabe in einem Band. Zürich 2007 (zuerst 1936).

Hitler, Adolf: Reden. Schriften. Anordnungen. 8 Bde. München 1992–2003.

IMT – Der Prozess gegen die Hauptkriegsverbrecher vor dem Internationalen Militärgerichtshof Nürnberg 14. November 1945 bis 1. Oktober 1946. 42 Bde. Nürnberg 1948.

Jäckel, Eberhard / Kuhn, Axel (Hrsg.): Sämtliche Aufzeichnungen 1905–1924. Stuttgart 1980 (vgl. jedoch Jäckel, Eberhard / Kuhn, Axel: Neue Erkenntnisse zur Fälschung von Hitler-Dokumenten. In: Viertelsjahrshefte für Zeitgeschichte 32 [1984], S. 163f.).

Kessler, Harry Graf: Das Tagebuch 1926–1937. Hrsg. von Sabine Gruber u. Ulrich Ott. Stuttgart 2010.

Klotz, Helmut: Hitlers Sozialismus. Berlin 1930.

Ders.: Die Außenpolitik der Nationalsozialisten. Berlin 1931.

Ders.: Nationalsozialismus und Beamtentum. Berlin 1931.

Ders.: Ehren-Rangliste für das Dritte Reich. Berlin 1931.

Ders.: Der Fall Röhm. Berlin 1932.

Kühnl, Reinhard (Hrsg.): Zur Programmatik der nationalsozialistischen Linken: Das Strasser-Programm von 1925/26. In: VZG 14 (1966), S. 317–333.

Linge, Heinz: Bis zum Untergang. Als Chef des persönlichen Dienstes bei Hitler. Neuausgabe München 1982 (zuerst 1980).

Ludecke, Kurt G. W.: I Knew Hitler: The Story of a Nazi who Escaped the Blood Purge. London 1937.

Münzenberg, Willy (Hrsg.): Weißbuch über die Erschießung des 30. Juni. Paris 1934; Neuausgabe Leipzig 2021 (erstmals anonym 1934 in Paris).

Röhm, Ernst: Die Geschichte eines Hochverräters. 2. Aufl. München 1930 (zuerst 1928).

Siemens, Daniel (Hrsg.): Rechtfertigung und Selbsterhöhung nach der »Nacht der langen Messer«. Die Aufzeichnungen von SA-Stabschef Viktor Lutze 1934 bis 1943. In: VZG 71 (2023), S. 371–433.

SoPaDe – Die Deutschland-Berichte der Sozialdemokratischen Partei Deutschlands 1934–1940. 7 Bde. 9. Aufl. Frankfurt/M. 1989.

Strasser, Otto: Die deutsche Bartholomäusnacht. Zürich 1935.

Ders.: Ministersessel oder Revolution? Eine wahrheitsgemäße Darstellung meiner Trennung von der NSDAP. Berlin 1930.

Tacitus Redivivus (=Hochdorf, Max): Die große Trommel. Leben, Kampf und Traumlallen Adolf Hitlers. Zürich 1930; kommentierte Neuausgabe Darmstadt 2022.

Literatur

Aust, Stefan: Hitlers erster Feind. Der Kampf des Konrad Heiden. Reinbek 2016.

Bajohr, Frank: Parvenüs und Profiteure. Korruption in der NS-Zeit. Frankfurt/M. 2001.

Bennecke, Heinrich: Hitler und die SA. München – Wien 1962.

Ders.: Die Reichswehr und der »Röhm-Putsch«. München – Wien 1964.

Berghahn, Volker R.: Der Stahlhelm. Bund der Frontsoldaten 1918–1935. Düsseldorf 1966.

Bracher, Karl-Dietrich: Die Auflösung der Weimarer Republik. Eine Studie zum Problem des Machtverfalls in der Demokratie. Berlin 1956.

Buchholz, Stephan M.: Papen in Marburg. Die »Festrede« des Vizekanzlers vom 17. Juni 1934. In: Hessisches Jahrbuch für Landesgeschichte 53 (2003), S. 187–202.

Dornheim, Andreas: Röhms Mann fürs Ausland. Politik und Ermordung des SA-Agenten Georg Bell. Münster 1998.

Fallois, Immo von: Kalkül und Illusion. Der Machtkampf zwischen Reichswehr und SA während der Röhm-Krise 1934. Berlin 1994.

Funke, Manfred: Starker oder schwacher Diktator? Hitlers Herrschaft und die Deutschen. Ein Essay. Düsseldorf 1989.

Görtemaker, Manfred: Rudolf Hess. Der Stellvertreter. München 2023.

Gordon, Harold J. Jr.: Hitlerputsch 1923. Machtkampf in Bayern 1923/24. Frankfurt/M. 1971.

Graß, Karl Martin: Edgar Jung, Papenkreis und Röhmkrise 1933/34. Diss. Heidelberg 1966.

Gritschneder, Otto: »Der Führer hat Sie zum Tode verurteilt …« Hitlers »Röhm-Putsch«-Morde vor Gericht. München 1993.

Gross, Babette: Willi Münzenberg. Eine politische Biographie. München 1967.

Gruchmann, Lothar: Justiz im Dritten Reich 1933 bis 1940. Anpassung und Unterwerfung in der Ära Gürtner. München 1988.

Hancock, Eleanor: Ernst Röhm: Hitler's SA Chief of Staff. New York 2008.

Kellerhoff, Sven Felix: Der Reichstagsbrand. Die Karriere eines Kriminalfalles. 2. Aufl. Augsburg 2013 (zuerst 2008).

Ders.: »Mein Kampf«. Die Karriere eines deutschen Buches. Stuttgart 2015.

Ders.: Die NSDAP. Eine Partei und ihre Mitglieder. Stuttgart 2017.

Ders.: Schüsse am Ballhausplatz. Der Putsch gegen Österreichs Kanzler Dollfuß 1934. In: Demandt, Alexander (Hrsg.): Das Attentat in der Geschichte. Neuausgabe Darmstadt 2019, S. 355–374.

Ders.: »Röhm-Putsch!« [[1934. Anatomie einer staatlichen Mordaktion.]] Freiburg 2024.

Kershaw, Ian: Hitler. 2 Bde. München 1998–2000.

Kissenkoetter, Udo: Gregor Straßer und die NSDAP. Stuttgart 1979 (zuerst 1978).

Krausnick, Helmut: Der 30. Juni 1934. Bedeutung, Hintergründe, Verlauf. In: Aus Politik und Zeitgeschichte 25/1954, S. 317–324.

Küpper, Reiner: Der »Ghostwriter« des »Herrenreiters«. Der Diskurs Edgar Julius Jungs und die für den Vizekanzler Papen verfasste Marburger Rede vom 17. Juni 1934. Ein Beitrag zur Analyse der Sprache im frühen Nationalsozialismus. Essen 2010.

Longerich, Peter: Die brauen Bataillone. Geschichte der SA. München 1989.

Ludwig, Cordula: Korruption und Nationalsozialismus in Berlin 1924–1934. Frankfurt/M. usw. 1998.

Moreau, Patrick: Nationalsozialismus von links, Die »Kampfgemeinschaft Revolutionärer Nationalsozialisten« und die »Schwarze Front« Otto Strassers 1930–1935. Stuttgart 1985.

Ders.: Otto Strasser – Nationaler Sozialismus versus Nationalsozialismus. In: Smelser, Ronald / Zitelmann, Rainer (Hrsg.): Die braune Elite I. 22 biographische Skizzen. Darmstadt 1989, S. 286–298.

Neliba, Günter: Wilhelm Frick: Der Legalist des Unrechtsstaates. Eine politische Biographie. Paderborn 1992.

Nolte, Ernst: Der Faschismus in seiner Epoche. Action française, Italienischer Faschismus, Nationalsozialismus. 3. Aufl. der Neuausgabe München – Zürich 1984.

Orth, Rainer: »Der Amtssitz der Opposition«? Politik und Staatsumbaupläne im Büro des Stellvertreters des Reichskanzlers in den Jahren 1933–1934. Köln 2016.

Pyta, Wolfram: Hindenburg. Herrschaft zwischen Hohenzollern und Hitler. München 2007.

Ders.: / Orth, Rainer: Nicht alternativlos. Wie ein Reichskanzler Hitler hätte verhindert werden können. In: Historische Zeitschrift 312 (2021), S. 400–444.

Richardi, Hans-Günther / Schumann, Klaus: Geheimakte Gerlich / Bell. Röhms Pläne für ein Reich ohne Hitler. München 1993.

Roth, Markus: Konrad Heiden (1901-1966). Annäherungen an Leben und Werk. In: Ders. / Feuchert, Sascha / Weber, Christiane (Hrsg.): Konrad Heiden. Eine Nacht im November 1938. Ein zeitgenössischer Bericht. Göttingen 2013, S. 135–172.

Schäfer, Kirstin A.: Werner von Blomberg. Hitlers erster Feldmarschall. Eine Biografie. Paderborn 2006.

Turner, Henry A.: Die Großunternehmer und der Aufstieg Hitlers. Berlin 1985.

Weßling, Wolfgang: Hindenburg, Neudeck und die deutsche Wirtschaft. Tatsachen und Zusammenhänge einer »Affäre«. In: Vierteljahrschrift für Sozial- und Wirtschaftsgeschichte 64 (1977), S. 4–73.